한국전통공예건축학교 11

두석장(중요무형문화재 제64호) 박문열의

전통 장석 만들기

박 문 열 지음

책머리에

    목가구, 목공예품, 생활용품 및 건축물을 제작할 때 기능을 보강하고 장식적 효과와 실리적 기능을 위해 금속장식을 필요로 하는 부분이 존재한다. 예를 들어 문을 열고 닫는 기능, 내용물을 보호하는 잠금장치 기능, 이동을 위한 손잡이 등 여러 가지 역할을 위해 장식이 필요했으며, 이 필요한 부분에 금속제 장식을 사용한다. 이러한 장식을 총칭하여 장석이라고 한다. 또한 이러한 금속장식을 만드는 일이나 그 일에 종사하는 장인을 두석장이라 하고, 금속장식은 두석장의 솜씨에 따라 전체 물건의 가치와 품격에까지 영향을 미치게 된다.

    두석장은 예부터 경공장(京工匠) 속에 포함되었을 만큼 오랜 전통을 갖고 있다. 그러나 유희(柳僖)는 그의 저서 『물명고(物名考)』에서 두석(豆錫)이란 말에 대하여 의문을 제기하고, 두석, 주석, 황동 등의 낱말이 구리와 아연 합금의 동의어로 보는 한편 또 다른 항목에서는 두석(豆錫)이란 두석(斗錫) 즉 연성하지 않은 아연이 아니겠느냐는 등 혼동하고 있다. 현재도 주석 혹은 두석이라 일컫는 쇠붙이는 매우 모호하며, 구리 합금의 쇠붙이 장식 즉 금구(金具)를 가리킴이 분명할 따름이다. 그렇다면 두석장은 엄밀한 의미에서 장식장(裝飾匠)이라 함이 타당하겠으나 현재 사용하는 장식이라는 단어가 광의의 낱말이고 재래 목가구의 금속 장식에는 황동(黃銅) 이외에 백동(白銅), 철, 은, 오동(烏銅) 등 다양한 재료를 포괄하고 있으므로 근자에는 장식이란 말 대신 흔히 장석(裝錫)이라 표기함으로써 일반적인 장식과 구별해 사용하고 있다.

    이러한 금속장식은 대체로 조선초기에는 단순한 형태로 기능적인 필수부분에만 사용하였지만 후대로 내려오면서 크고 복잡한 형식으로 변하여 장식적인 면이 강조되었다. 현대에는 이러한 금속장식의 정교한 장식이 기능적인 역할의 차원을 넘어 가구나 건축물 등의 분위기와 함께 호흡하면서 전체의 가치까지 결정짓게 된다. 원형을 유지하되 동시대의 요구와 방식에 함께 생각되어질 수 있어야 더욱 보존의 가치가 있기에 장석의 기능 또한 우리가 알리고 알아가야 할 소중한 문화유산일 것이다.

특별히 한국문화재보호재단과 함께 우리의 『전통장석 만들기』를 출간하게 되어 우리 것의 진정한 가치를 찾고 배움을 통해 이어가고자 하는 이들에게 작게나마 도움이 되길 진정으로 바란다.

오래 두드릴수록 더욱 강해지는 쇠붙이처럼 우리의 정신문화도 오랜 역사와 함께 더욱 응축되어져 아름다운 장인들의 생명력을 통해 대대에 이어질 수 있기를 또한 간절히 바란다.

끝으로, 자료 조사와 원고 정리를 도와 준 우남제씨와 장석을 찾고 이어가기 위해 노력하는 모든 분들에게 진심으로 감사를 표하며, 끝까지 두드리는 손을 쉬지 않음으로 우리의 전통문화에 살아서 장식되어지길 소원한다.

2010. 3

박 문 열

차례

1. 장석과 두석장 13

1) 두석장이란
2) 장석의 용도 및 두석장의 영역
3) 장석의 제작기법
4) 장석의 재료
5) 장석재료 제작과정
6) 장석의 종류
7) 장석의 제작도구
8) 장석의 적용 사례

2. 장석의 제작도구 31

1) 장석재료의 용해 및 합금 도구
2) 재단 도구
3) 가공 및 성형 도구
4) 용접 도구

3. 정 만들기 39

4. 장석 제작도구 사용법 및 장석의 제작 기법 ···· 43

    1) 작업 환경
    2) 기본 자세
    3) 표면 도색
    4) 제작 기법
    5) 장석 상감기법
    6) 장석 제작에 필요한 각종 본

5. 전통 목가구 장석의 종류 ···· 53

    1) 전통 목가구 장석의 개요
    2) 전통 목가구 장석의 종류 및 용도

6. 전통 목가구 장석 만들기 ···· 65

    1) 보석함 장석 만들기
    2) 서안 장석 만들기
    3) 삼층탁자 장석 만들기(시우쇠 장석)
    4) 문갑 장석 만들기
    5) 자물쇠 만들기

7. 각종 장석의 문양 및 형태 ···· 97

전통 장석 만들기

전통 장석 만들기

전통 장석 만들기

전통 장석 만들기

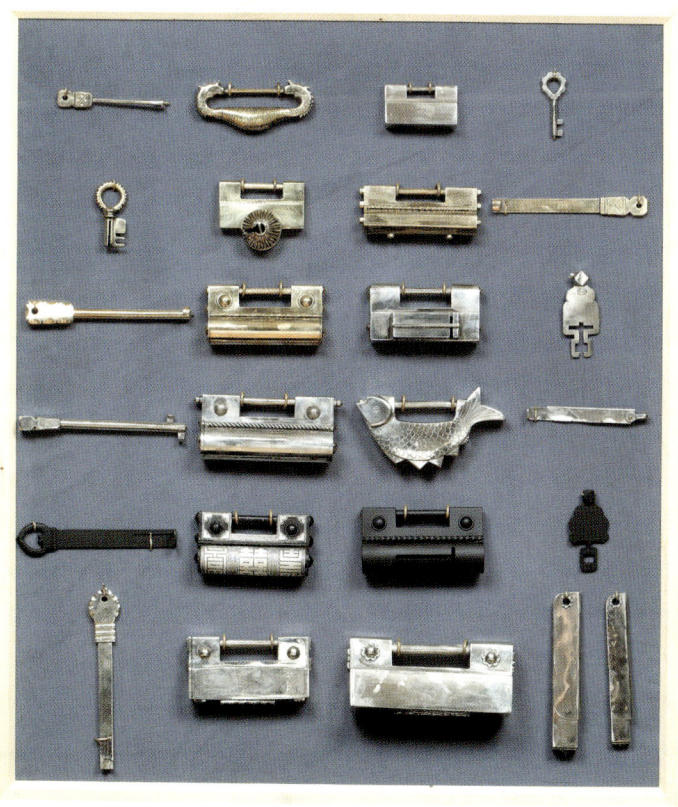

1. 장석과 두석장

1) 두석장이란
2) 장석의 용도 및 두석장의 영역
3) 장석의 제작기법
4) 장석의 재료
5) 장석재료 제작과정
6) 장석의 종류
7) 장석의 제작도구
8) 장석의 적용 사례

제 1 장 장석(裝錫)과 두석장(豆錫匠)

1. 두석장(豆錫匠)이란

　각종 목가구, 목공예품, 생활용품, 건축물 등의 완성도를 높이기 위하여 덧붙이는 금속 장식(裝錫 혹은 金具)을 만드는 일 및 그 일에 종사하는 장인(匠人)을 일컫는다.
　중요무형문화재 제64호로서 시우쇠·놋쇠·백통 등을 써서 돌쩌귀·경첩·문고리·거멀쇠·감잡이·앞바탕·자물쇠 등을 만드는 장인을 일컫는다. 주석장, 장석장 등으로 불리기도 했다. 두석장은 구리와 주석의 합금인 놋쇠로 장석을 만드는 장인을 일컫는다.

　조선시대에는 금속공예가 세분화, 분업화되어 두석장·은장(銀匠)·입사장/(入絲匠)·금박장(金箔匠)·환도장(環刀匠)·치장(治匠)·조각장(彫刻匠) 등의 장인들이 국가에서 관리하는 기관에 소속되어 있음을 문헌으로 확인할 수 있다.

　두석장은 놋쇠를 다루어 장석을 만드는 장인을 말하며, 구리에 아연 30%를 합금해서 제품화하는 일종의 유장(鍮匠)에 속한다. 7:3의 합금비율은 쇠가 유연해서 일하기 좋지만, 아연의 비율을 높이면 강해져서 주물로 밖에 일을 하지 못한다.

　구리에 석(錫)을 합금해서 단조하는 방짜(품질이 좋은 놋쇠를 합금하여 이를 다시 두드려 만든 그릇)도 없지 않았으나, 놋쇠라 해도 방짜는 제작 공정이 까다롭고 공정이 많이 드는 까닭에 흔하게 쓰이지는 못했다.

　두석장은 포괄적인 의미에서 장식을 만드는 장인이라 해야 옳지만, 장식이라는 말이 아주 광범위한 뜻을 가진데다가 금속 장식이라 하더라도 황동 이외에 철·은·오동 등 다양한 재료를 포함하고 있어서 장식이란 말 대신 장석이라 표기해 구별하고 있다.

2. 장석의 용도 및 두석장의 영역

　장석이란 목가구, 목공예품, 생활용품 및 건축물을 제작할 때 기능을 보강하고 장식적

효과와 실리적 기능을 위해 금속장식을 필요로 하는 부분이 존재한다.

가구(장·농·문갑·탁자·함 등)와 건축물(예를 들어 고찰의 황동철물 장석, 비녀쇠 돌쩌귀, 등자쇠, 철물 등)에는 문을 열고 닫는 기능(경첩, 문고리), 내용물을 보호하는 잠금장치 기능(뻗침대, 앞바탕 자물쇠), 이동을 위한 손잡이(들쇠), 나무의 손상방지 기능(광두정, 들쇠받침), 결구부분을 보강하는 기능(감잡이, 귀싸개) 등 각각의 기능을 수행하는 장식이 필요했으며, 이러한 곳에 사용하는 금속제 장식을 총칭하여 장석(裝錫)이라고 한다. 이러한 금속장식은 두석장의 솜씨에 따라 가구나 건축의 품격, 실용성이 높아졌다.

기하학문, 동물문, 식물문, 문자문(壽字/歡喜天地/雙喜文) 등의 장식적인 문양을 응용하여 미적인 기능을 갖춘 장석을 만드는 일을 수행하는 두석장의 영역은 넓고 다양하다.

3. 장석의 제작기법

장석의 문양을 돋보이게 하기 위하여 금속재료의 특성과 문양에 따라 면에 문양을 새기는 조이질 기법, 파내는 투각기법, 상감기법, 쇠에 정으로 선을 새기고 금선 또는 은선을 넣는 입사, 바탕을 일부 혹은 전체를 투각한 후 글씨나 태극문양 같은 무늬를 집어 넣는 박 상감 등 다양한 기법 등이 활용된다.

4. 장석의 재료

장석 재료로는 옛날에는 동과 주석의 합금재를 사용하여 가구나 건축물의 건조재를 만들었기에 두석장이란 이름으로 불렸지만, 조선시대에 이미 황동, 백동은 물론 시우쇠(철)까지도 다 장석 재료로 사용되었다. 장석 재료로는 황동과 백동이 주류를 이루는데 일반적으로 황동이 쓰이며, 보다 사치스러운 장석으로 꾸미기 위해서는 백동이 쓰인다.

주석장식의 합금은 구리와 아연을 7대 3의 비율로 하는 것이 보통이나, 6대 4의 비율로 배합하기도 한다. 그러나 5대 5의 비율이 되면 통쇠가 되어 너무 누런빛이 나고, 또 물러서 좋지 않으며, 반대로 아연이 너무 적으면 붉은 빛이 나서 더욱 좋지 않다.

구리 70%에 아연과 상납을 반반씩 섞어서 30%로 하면 쇠가 유연하면서 투각(透刻)하기에 편리하다. 특히 구리와 상납의 합금인 방짜쇠는 가장 좋은 놋쇠이다.

백동장석의 합금은 니켈 20%에 동(구리) 80%를 넣는 것이 상례이다. 장인들은 니켈을 백동이라 부르며, 다시 말해 백동은 구리·니켈의 합금이 되는 셈이다. 빛깔은 약간 푸른색을 띠면서 부드럽게 잘 깎여 일하기가 매우 쉽다.

근래의 두석장은 시대풍조에 따라 백동을 다루는 일이 많아졌다. 백동은 구리에 나켈을 넣은 합금으로, 은빛을 띠며 변색이 적은 백통장석의 풍조는 19세기 말부터 일기 시작했을 것으로 보인다.

5. 장석재료 제작과정

가. 재료제작 일반

주석이나 백동을 넣은 도가니(구리 합금의 쇠)를 불우리 위에 얹어서 가열하고 녹여서, 이것을 거푸집에 부어 식힌 다음 쇠까치를 만든다.

만들어진 쇠까치를 머릿돌에 놓고 망치로 두드려 펴서 용도에 맞게 0.5mm~2mm 정도의 판철로 늘린 다음, 깎칼로 면을 반듯하게 깎아내어 판철을 만든다. 제작하고자 하는 장석의 도형을 그리고 본을 만들고 완성된 판철에 대어 그린 후 작도와 정을 오려서 줄로 다듬은 후 휘거나 틀어진 금속판을 통박 위의 모룻돌 위에 놓고 두들겨 곱치고 다시 활비비(지금의 드릴)로 구멍을 뚫고, 정으로 문양을 새긴다.

만들어진 장석은 마지막으로 사기분말을 묻힌 천으로 문질러 광택을 내는 수공과정으로 일관되었으나, 최근에는 이미 제작된 주석, 백동, 시우쇠의 판과 봉으로 압형기(押型機, Press)로 찍어 기계생산화하고 있다. 수제장석과 기계생산 장석의 차이점은 대표적으로 인간다움의 결여가 아닐까 한다.

〈참고문헌〉 경국대전(經國大典)
　　　　　　물명고(物名考)
　　　　　　장석(裝錫)

나. 황동장석 재료 만들기

아연 함량이 30%인 황동장석 재료 만들기.

황동은 구리에 아연을 섞은 대표적 동합금으로 진유(眞鍮)라고도 한다.

아연의 함량이 많을수록 전기/열 전도율이 낮고, 융점이 낮아지고 유동성이 좋아 주조용 재료로 많이 쓰이며, 반대로 아연함량이 적을수록 전성(展性), 연성이 좋아져서 단조 성형에 적합하다.

1) 합금

① 합금할 금속을 비율에 맞게 준비한다.

구리   아연

② 불우리에 불을 지핀다.

　불우리에 석탄을 넣고 도가니를 넣은 후 불을 지핀다.
　불우리의 온도를 높이기 위하여 불우리 뚜껑을 덮는다.
　불우리의 온도를 1,000℃~1,300℃ 까지 높인다.

③ 아연 첨가

합금시에는 적동(구리)을 먼저 녹인 후에 아연을 함께 넣는다. 이는 아연의 융점이 구리보다 낮기 때문이다.

구리가 용해된 도가니　　　　　　　　도가니에 아연 첨가

2) 황동판 만들기

① 거푸집 준비하기

이미 제작된 거푸집의 위, 아래를 고정고리로 고정시킨 다음 거푸집의 이음새 사이로 쇳물이 흐르지 않도록 물에 개어진 황토를 이용하여 거푸집의 이음새 부분을 발

라준다.

준비된 거푸집의 황토가 마르도록 불우리 뚜껑에 건조시킨다. 쇳물을 부었을때 튀는 현상과 나중에 황동재료가 잘 떨어지게 하기 위함이다.

② 쇳물 성형

준비된 거푸집을 비스듬히 세워놓고 불우리의 도가니를 집게로 잡아 녹은 금속 쇳물을 거푸집에 단번에 붓는다.

쇳물을 부운 거푸집이 완전히 식을 때를 기다려 거푸집의 황토와 고정 고리를 제거하고 성형된 황동을 분리한다.

③ 단조 및 황동판 만들기

거푸집에서 분리된 황동 막대를 모루쇠에 놓고 타주망치로 단조하여 넓게 펴가면서 원하는 두께를 얻을 때까지 반복 작업을 수행한다.

단조방법은 한 쪽 면만을 선택하여 집중적으로 하며, 반대쪽 면은 판을 바로 잡을 때에만 닦달질하여 형태를 바로 잡는다.

황동의 특성상 단조를 가하게 되면 쇠가 단단해지므로 열풀림을 반복하면서 단조를 한다.

④ 깎칼로 면다듬기

원하는 두께의 황동판이 얻어지면 작두로 가장자리를 반듯하게 잘라내고 단조하면서 거친 망치자국 표면을 깎칼을 이용하여 깎아낸 후 사포로 표면을 매끄럽게 갈아낸다.

6. 장석의 종류

장석의 종류로는 부착하는 물건에 따라 농장석, 궤장석, 의걸이장석, 벼락닫이장석, 모반장석, 전통장석 등이 있으며, 문양은 팔봉(八峰), 사모, 아자(亞字), 나비, 박쥐, 붕어, 학 등 다산, 부귀영화, 수복강녕을 상징하는 동식물, 문자, 기하학을 응용하였다. 자물쇠는 귀자(貴字)쇠통, 비각쇠통, 거북장쇠통, 타래쇠통, 네모희자쇠통 등이 있다.

과거 장석은 그 자체가 완전한 하나의 물품이 되지 못하고 한갓 부품에 지나지 않아서 소목장의 주문에 따라 특별 제작되었으나, 현대에 와서는 이러한 전통기법을 활용하여 금속가구를 만들기도 하며 각종 생활가구 등을 만들기도 한다.

전통 목가구의 백골(나무가구 골조)에 백동이나 황동 금속판을 붙여 각게수리, 반닫이 등을 만들며, 이와 더불어 묵호, 금속연적, 필세, 먹상, 필가, 철, 연적 등 금속 생활용품에 넓게 사용되었다.

근래에는 전통장석의 수요부족과 함께 한국전통목가구의 전통과 맥에 커다란 문제점을 안겨주고 있어 박문열, 김극천씨를 기능보유자로 인정하여 보전하고 있다.

7. 장석의 제작도구

장석의 제작도구로는 화덕·풀무·도가니·집게·골판·타주망치·중망치·닥달망치·모루·깎칼·차장·물림집게·그림쇠·깔기·날정·짜를정·오금정·공근정·걸림정·평일정·네모정·못정·납판·활비비·왕비비·함박골판·골판정·굴림정·솟대·줄·변탕(邊湯) 등이 있다.

8. 장석의 적용 사례

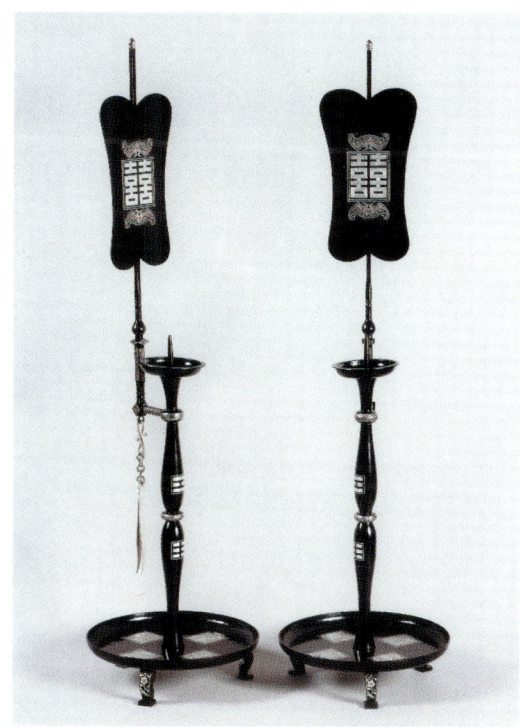

은입사촛대 지름 26 높이 93cm

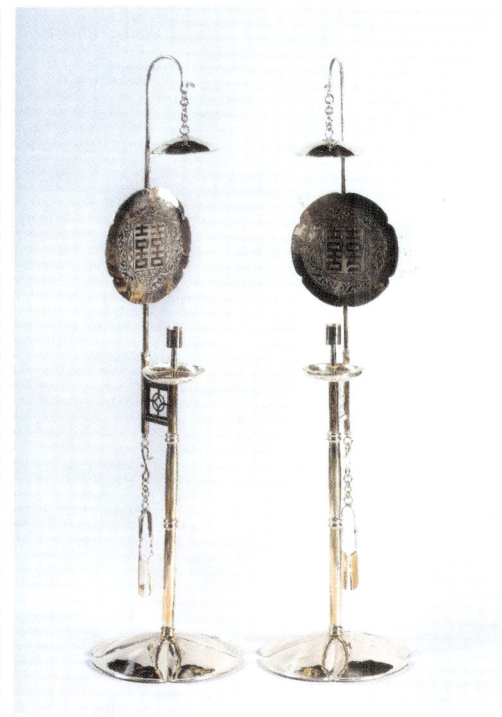

황동촛대 지름 26 높이 96cm

전통 장석 만들기

문방사우류

은입사담배함 지름 16×11×8cm

복장함 지름 15 높이 31cm

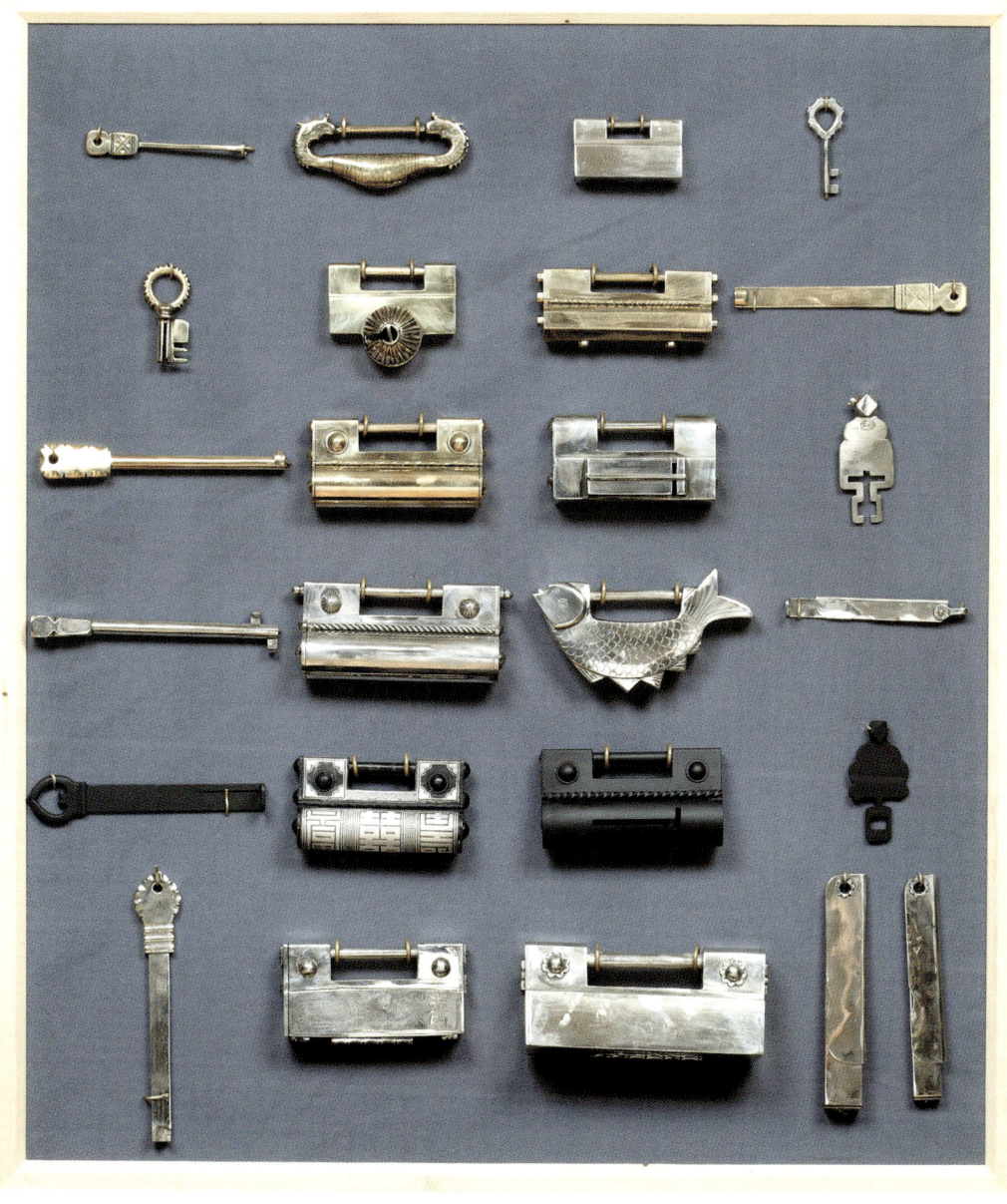

비밀자물쇠류

전통장석만들기

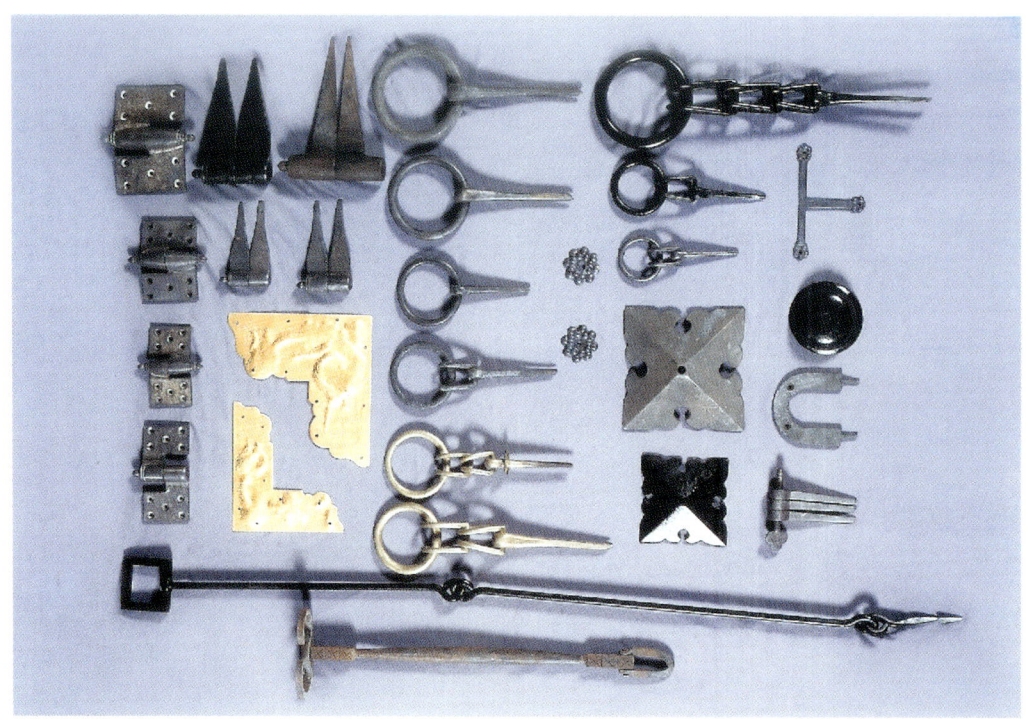

고건축철물 장석류

쌍용금박자물쇠 30×60cm(大)

백동 평안도반닫이 111×50×47cm

시우쇠 숭숭이반닫이 90×51×80cm

백동각게수리 57×41×53cm

백동가재반닫이 61×41×54cm

황동가재반닫이 64×41×54cm

백동혼수함 65×45×46cm

전통 장석 만들기

황동혼수함 65×45×46cm

전통자물쇠

제1장 장석과 두석장

고건축물 장석

전통 장석 만들기

2. 장석의 제작도구

1) 장석재료의 용해 및 합금 도구
2) 재단 도구
3) 가공 및 성형 도구
4) 용접 도구

제 2 장 장석의 제작도구

1. 장석재료의 용해 및 합금 도구

가. 화덕 및 궤풀무

흙을 쌓아올려 장석 재료인 금속을 녹이기 위한 불우리와 불을 지피는 화덕으로 구성되며 주로 황토로 제작한다. 불우리에 바람을 불어넣어 화력을 높여주는 등의 불 조정을 위한 풀무가 반드시 필요하다.

나. 각종 집게

집게 끝이 길고 굽은 형태의 집게 및 불집게 등 금속 용해 및 도가니를 집거나 성형 등을 원활히 하기 위한 다양한 형태의 집게가 필요하다

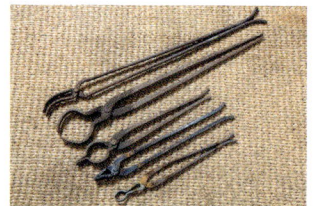

다. 도가니

금속을 녹이고 합금하는 용기로서 화덕의 고온을 견딜 수 있도록 흑연으로 제작되었다. 다양한 크기를 갖추어 원하는 금속 재료의 양에 따라 사용한다.

라. 거푸집

도가니에서 녹인 금속물을 원하는 형태의 금속판으로 성형시키는 철제틀로서, 분리된 상, 하 틀을 집게 등으로 고정시키고 틈새는 녹은 금속물이 흐르지 않도록 황토를 발라 사용한다.

2. 재단 도구

가. 그음쇠 (끄심정)

제작하고자 하는 장석의 도안이 확정되면 금속 재료의 표면 등에 도안에 따라 외곽선 및 제작하고자 하는 선, 문양을 그릴 때에 사용하는 도구로서 끝이 뾰족하여야 하므로 잘 무디어지지 않는 재료를 열처리하여 사용한다.

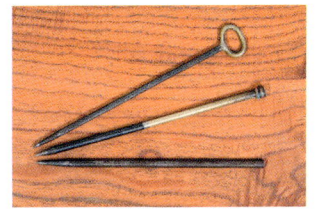

나. 끄심쇠

기능은 그음쇠와 동일하나 길이를 조정 할 수 있는 조정판이 있어 원하는 길이로 조정판을 조절하여 일정한 간격으로 반복하여 위치를 표시하거나 선을 그릴 수 있도록 하였다.

다. 자와 직각 자

길이를 재거나 혹은 면의 직각을 확인하는 도구이다.

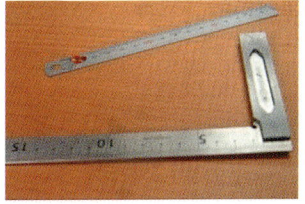

3. 가공 및 성형 도구

가. 정

장석 작업에서 가장 많이 사용하는 도구로서 금속에 도안을 그리거나, 도안된 금속을 자르거나, 양감을 나타내거나, 문양을 새기거나, 위치를 표시 하거나, 표시된 금속을 따내거나, 못 구멍을 내는 등 다양한 작업을 위하여 필요기능에 따라 편의성을 고려하여 여러 형태로 만들어 사용한다.

1) 날정

끄심정이라고도 하며 도안대로 자르거나 문양을 새기거나 따낼 때 사용하며, 걸림 기법에 주로 많이 쓰이므로 걸림정이라고도 한다.

만들고자하는 금속 도안에 그어진 선을 따라 문양을 새기거나 투각 등을 한다.

문양의 곡선에 따라 정 부분을 다양하게(넓거나, 좁게 혹은 둥글게) 제작하여 사용하며, 끝 부분이 너무 뾰족하면 정이 금속에 박혀 작업에 오히려 불편을 주며 또한 무뎌도 작업 능률이 떨어지므로 경험이 쌓이면 각도를 잘 조정하도록 한다.

2) 널정

날정보다 날의 폭을 넓게 하여 직선이 긴 곳의 문양을 새기거나 따낼 때 사용한다.

3) 굴림정

장석의 표면에 양감문양을 줄 때에 주로 사용하는 정으로 문양의 크기에 따라 다양한 형태를 띠고 있다. 문양을 새기는 재료의 밑에 납덩이 등을 받쳐놓고 굴림정의 양감이 새겨질 수 있도록 사용한다.

4) 못정

다양한 못 구멍을 내기 위하여 크기별로 구비되어 있다.

5) 내림정

문양을 새길 때, (이를 조이질이라 함) 주로 사용하는 도구로서, 날정보다는 날 끝을 무디게 하여 문양을 새기는데 수월하게 한다.

6) 공근정

다양한 크기의 원형을 반복적으로 새길 때 사용한다.

7) 각종 개량정

장석 문양을 정에 양, 음각으로 미리 새겨 반복적인 문양을 용이하게 새길 수 있도록 다양한 형태가 있다.

8) 기타

구멍의 위치를 표시하는 뾰족정, 판청을 따내는 사각정, 빠끔정, 삼자정, 이자정, 반원정, 홈정, 표정, 매화정 등 작업을 용이하게 하기 위한 각종 정을 필요에 따라 만들어서 사용한다.

가. 망치

1) 닦달(잡잡이)망치

재료를 단조하거나, 구부러진 재료를 평평하게 펴주는 기능을 하는 망치로서 재료에 상처를 내지 않도록 망치의 머리 부분이 일그러지지 않도록 용도를 구분하여 사용한다.

2) 중망치

날정을 사용할 때 혹은, 경첩의 잡잡이를 할 때 사용하며, 재료의 두께에 따라 강, 약을 조절한다.

3) 조이질 망치

조이질 할 때 정을 쳐주는 망치이다.

4) 공근정 망치

공근정을 쳐주는 망치이다.

5) 문형 망치

망치머리에 문양을 새겨 넣고 장석에 망치질만으로 장석에 문양을 새길 수 있도록 한 망치이다.

6) 꼭두망치

판금작업시에 재료를 넓게 펴는 망치이다.

나. 통박과 닦달 모룻돌

모룻돌, 조임쇠 등을 얹어 놓고 작업하는 작업대로 망치질 등에 의한 충격을 흡수하도록 주로 통나무를 사용한다.

다. 말음쇠와 말음대

금속판을 둥글게 말 때 사용하는 도구로서, 주로 자물쇠 굽통을 만들 때 사용한다.

라. 모룻돌

장석을 절단하거나, 문양을 새기거나, 굽거나 펴는 작업을 위한 받침대로서 한쪽 면은 열처리를 하여 쇠를 구부리거나 펴기 등을 하며, 비열처리 면은 문양을 새기거나 각종 정 작업을 하는 부분으로 구성된다.

마. 각종 철심 봉

경첩의 코를 말거나 또는 판철 등을 접어 형태를 잡거나 원형으로 구부거나 접을 때에 사용하며 다양한 크기를 준비하여 필요시 활용한다.

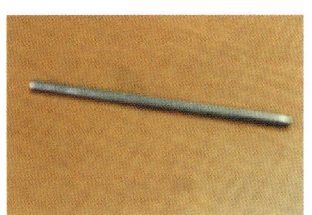

바. 못 제작용 물리쇠
가공물을 고정하는 도구에 특별히 리벳용 못 머리를 만들 수 있는 구조를 추가하였다.

사. 작두
금속판을 문양대로 자르는 도구이다.

아. 줄
제작물의 표면을 정리할 때 사용하는 도구로서 절단면을 고르거나 가장자리를 모양내기 위하여 용도에 따라 다양한 형태와 줄의 밀도를 필요로 한다.

번호가 큰 것일수록 작업 면이 매끄럽다.

*각종 줄

곡선, 작은 면을 고르거나 절단/절곡하고자 하는 부분에 45° 깊이로 홈을 내기 등 다양한 용도에 맞게 형태를 구비하는 것이 필요하다.

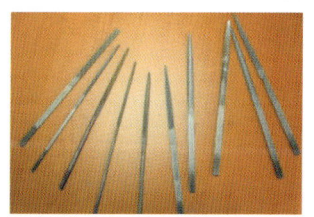

자. 굴림판
반구, 곡면, 경사면, 직각 등 금속판을 원하는 형태로 꺾어주는 틀로서 다양한 모양을 준비한다.

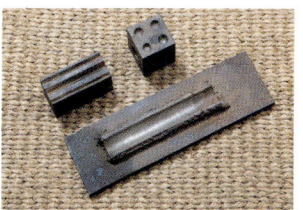

차. 벤치. 니퍼
봉을 접거나 자를 때 사용한다.

카. 바이스 프라이어

작업 물을 고정하여 잡을 때 사용한다.

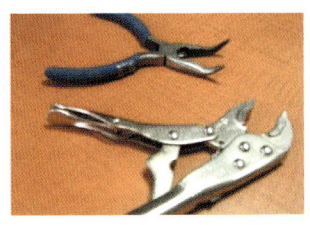

4. 용접 도구

장석을 굽고 자르고 접고 하다 보면 장석에 따라 땜이 필요하게 된다.
이때 기물의 형태, 소재, 두께에 따라 용접하는 방법을 다르게 하여야 한다.

가. 용접 기구

1) 산소용접 : 열을 많이 필요로 할 때 쓰인다.
2) 알곤용접 : 특수한 경우에 사용하며 장석의 일부분만을 세밀하게 접속할 경우에 쓰인다.
3) 전기용접 : 용도별 특수한 기구를 사용한다.
4) 인두땜 : 인두를 달구어 납을 사용하여 결합부를 땜하게 된다.
5) 토치를 사용하는 방법이 있다

나. 용접재료

1) 은납(은30%, 황동30%,기타 합금석) : 자물쇠, 통귀쌈 등 접합부분을 견고하게 하고자 할 때 쓰인다.
2) 납 : 납촉매제로 염산을 사용한다.
3) 황동봉 : 황동장석에 제살 땜을 하여 땜부분이 표시나지 않도록 할 경우 사용한다.

※용접의 상세한 내용은 장석 만들기 실전에서 기술한다.

전통 장석 만들기

3. 정 만들기

제 3 장 정 만들기

정은 장석을 만드는데 있어서 가장 많이 쓰이는 도구이다.

이러한 정은 도구인 쇠로서 재료인 쇠에 압력과 충격을 가하는 작업 과정에서 도구의 변형이 많이 일어나므로 작업하는 사람이 직접 만들어가며 쇠의 성질을 많이 이해하면서 적절한 열처리에 의한 도구의 적정 강도를 유지하는 것이 중요하다.

1. 정 재료 준비

정의 재료로는 철을 사용하는데, 철은 탄소함량에 따라 여러 종류로 분류 할 수 있다.

탄소 함량이 많은 것을 선철(銑鐵), 주철(鑄鐵) 또는 무쇠라 하며, 이 선철은 인성이 적어 단조할 수 없어 주로 주조로 많이 사용한다.(무쇠 솥 등) 탄소함량이 적은 철을 가단철(可鍛鐵), 연강(軟鋼) 또는 시우쇠라 부르는데 이 때의 탄소 함유량은 0.3% 이하로서 단조의 재료로 많이 사용한다. (농기구 등 대장간에서 주로 사용하던 철)

요즈음에는 하이스강 45를 많이 사용한다.

2. 정 성형

철을 사용하기 편한 9~10cm로 잘라 만들고자 하는 정의 형태로 단조하거나 다른 도구를 이용하여 성형한다.

(최근에는 그라인더를 많이 사용한다).

날정 제작   공근정 제작

3. 담금질

성형된 정은 물러서 정의 역할을 할 수 없으므로 화덕에 빨갛게 변색이 되도록 달군다. 달군 정을 기름에 담가 열처리한다. 이때 고른 열전달을 위해 정을 기름 안에서 원을 그리듯 돌려가며 식혀준다. 그리 돌려가 식혀준다. 혹은 물로 열처리하기도 한다.

(주로 자동차 엔진오일을 사용한다)

정 열처리

정 담금질

4. 정의 끝부분이 하얗게 변하면서 기름이 손에 묻어나면 담금질이 끝난 것이다.

4. 장석 제작도구 사용법 및 장석의 제작 기법

1) 작업 환경
2) 기본 자세
3) 표면 도색
4) 제작 기법
5) 장석 상감기법
6) 장석 제작에 필요한 각종 본

전통 장석 만들기

제4장 장석 제작도구 사용법 및 제작 기법

1. 작업 환경
　장석을 만들 때는 책상 또는 바닥에 앉아서 통박과 같이 단단한 받침대를 놓고 그 위에 모룻돌을 올려 놓고 정과 망치를 편안하게 다룰 수 있도록 한다.

2. 기본 자세
　장석 만들기에는 날정을 주로 사용하는데, 눈은 정의 밑부분을 볼 수 있도록 하고 뒤에서 앞으로 정을 당기면서 망치질을 한다.

3. 표면 도색
　황동과 백동은 연마를 하여 광택을 낸다.
　시우쇠 장석은 소부 도료를 도장하여 열처리 한다.
　기타 옻칠을 하거나, 송연가루와 들기름을 혼합하여 문지르는 방법도 있다.

4. 제작 기법

정을 이용하여 장석을 만드는 방법은 투각, 양각, 상감기법 등 여러 가지 기법을 사용하여 장석의 용도 및 특징에 맞게 적용한다.

가. 투각

투각기법은 신라시대의 금관과 장신구 등에서 볼 수 있으며 날정과 홈정 등을 이용하여 문양을 투각시키는 기법을 말한다.

※ 장석으로는 시우쇠를 이용한 숭숭이 장석과 만(卍)자문양, 칠보문양 등 여러 형태로 투각된 것을 볼 수 있다.

① 금속판에 도안을 그린 후 통백의 모루쇠 위에 도안대로 그려진 제작물을 놓는다.

② 곡선 부분인 경우 날정을 이용하고 직선 부분인 경우 날의 폭이 넓은 널정을 이용하여 투각할 면을 떼어 내는데 날정을 잡는 방법은 엄지, 중지, 검지 세 손가락으로 정을 잡고 양지와 새끼손가락으로는 제작할 금속판을 눌러 고정시킨다.
(널정일 경우에는 걸림기법을 쓰지 않고 한번에 치기 때문에 널정이 옆으로 움직이지 않게 네번째 손가락으로 정을 받쳐서 고정시키는 것이 중요하다.)

③ 작은 날정(날의 폭이 2mm 정도)을 그려진 금속판의 문양에 대고 망치로 쳐준다.

④ 한꺼번에 문양을 따낼 수 없으므로 금속판의 두께에 따라 동일한 작업을 반복하여 금속판이 0.2mm 남을 깊이까지 파일 수 있도록 걸림 기법으로 따주되 처음에는 얇게 다음부터는 깊게 쳐준다.

⑤ 날정과 널정을 이용하여 금속판에 압력을 가하게 되면 금속판이 휘거나 가운데 부분의 배가 불룩해진다. 이때 휘거나 불룩해진 부분을 직접 망치로 쳐서 면을 잡으려 하지 말고, 금속판재를 뒤집어서 가장자리 부분을 닦달질함으로써 정을 쳐서 늘어난 만큼 다른 부분을 늘려서 다시 평평하도록 작업하는 것이 중요하다.

⑥ 일정한 깊이로 문양을 판 후 따낼 부분보다 약간 큰 구멍이 나 있는 금속받침을 준비한다.

⑦ 재료를 금속받침 위에 놓고 조이정으로 쳐서 투각해 낸다.
(완전히 떼어지지 않으면 집게로 비틀어서 떼어낸다)
※ 수공예의 미는 자연스러움에 있다. 정으로 따낸 부분과 톱으로 따낸 부분의 차이는 보는 이의 성향에 따라 차이가 있겠지만, 수고롭게 정으로 일일이 따낸 면의 미를 저자는 고집한다.
하물며 어렵게 수고한 투각된 금속면의 정 자국을 줄로 정리하는 것을 삼가라고 권하고 싶다.
(투각한 면의 미를 최대한 살리기 위해서는 정으로 따낼 때 정의 이동 거리가 최대한 짧고 간격이 일정하여야 작업의 능률과 미를 얻을 수 있다.)

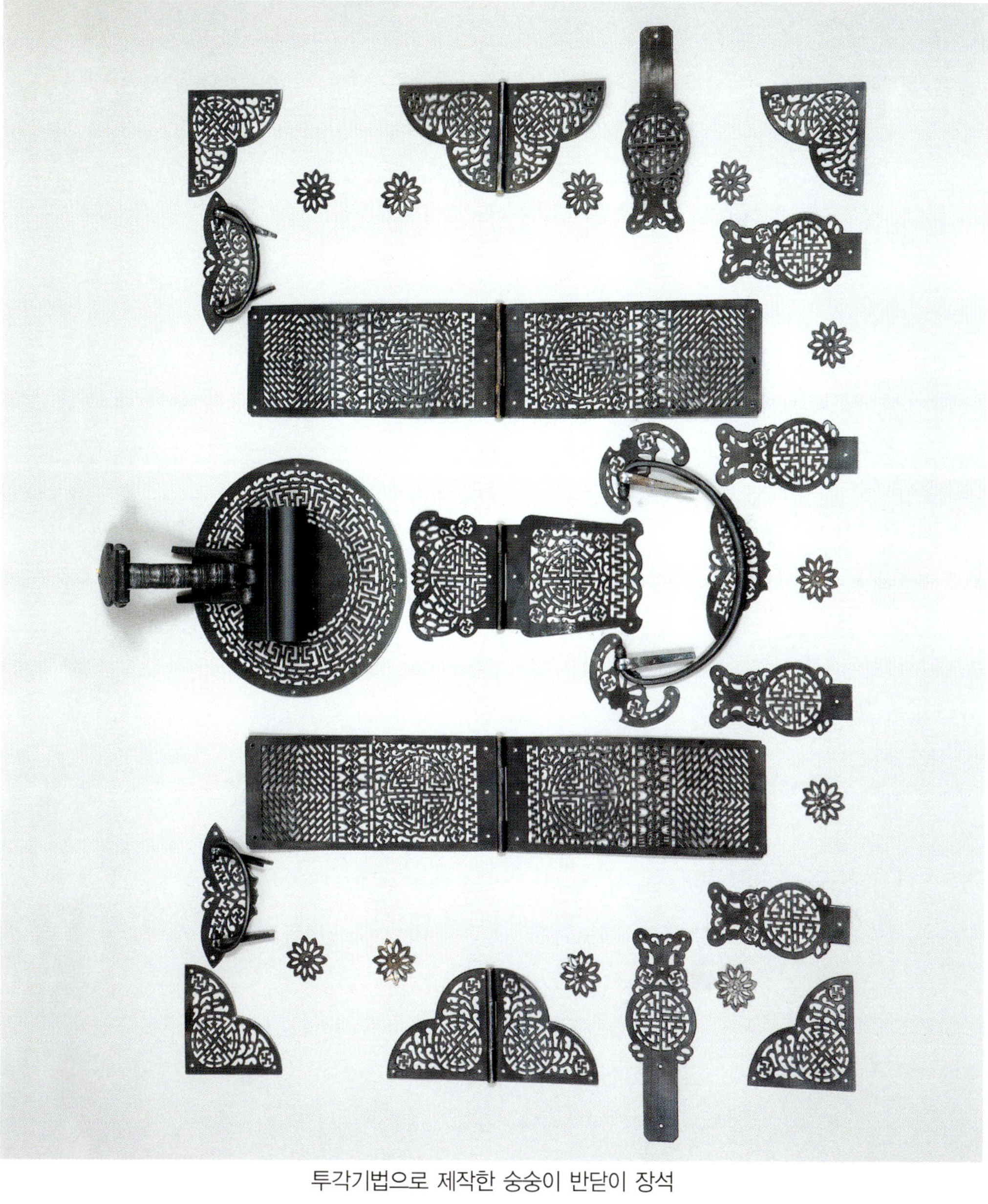

제4장 장석의 제작 기법 및 장석제작도구 사용법

투각기법으로 제작한 숭숭이 반닫이 장석

나. 단금법

단금법이란 용융된 도가니 속의 금속물을 형틀에 부어 쇠가닥을 만든 다음, 모룻돌에 놓고 두드려 가며 제작하고자 하는 모양과 형태를 만드는 작업을 단금기법이라 한다.

단금작업은 금속을 계속 휘고 접고 두드리므로 작업 도중 수시로 화덕에 넣어 열풀림을 해 주어야 한다.

또한 재료를 여러 번 반복하여 두드리면 재료가 강해지며 장석물의 밀도가 높아지므로 녹이 덜 설며 광택이 나므로 훌륭한 장석이 될 수 있다.

대부분의 장석은 판금법을 이용하나 들쇠, 뻗침대, 광두정 등은 단금기법을 이용하여 제작된다.

다. 조금법(날정법)

조금기법은 모든 재료의 판금작업이 이루어진 다음 여러 형태의 도안을 하며 도안된 "본" 대로 송곳을 이용하여 원하는 문양을 그린 다음 날정을 사용하여 표면을 올려내는 방법을 조금법 또는 조이질 기법이라 한다.

그러나 각 지방의 장인에 따라 "날정법"이라 부르기도 한다.

날정법으로 장석의 테두리를 잘라낸 예

라. 판금법

판금법이란 합금과 단조과정을 거친 완성된 금속판을 가지고 장석판을 만드는 작업을 말한다. 장석재를 타주망치와 닥달망치를 이용하여 판금한 뒤 차장에 끼워 깎칼 작업을 하는 공정이다. 그리고 장석과 자물쇠 등에 따라 재료의 두께는 장인의 손질에 따라 다르다.

마. 타출법

전통가구의 장석모양을 낼 때 여러 형태의 거북, 학, 화형, 광두정 등을 제작하여 만드는 제작법으로서, 은, 납을 이용하는 방법과 굴림을 이용하여 뒷면을 망치로 사용하는 방법 등이 있다. 굴림정을 이용하여 장석의 뒷면에서 망치로 두드려서 도드라지게 하는 방법이다.

바. 조이법

조이기법은 한 내부면에 여러 문양을 새김질하는 기법을 말하며, 문양의 형태를 시각적으로 좀 더 사실에 가깝게 표현하는 방법으로, 문양은 조금된 장석에 따라 당초문양과 연화문양 등을 조이질 하고 남은 공간을 공근정으로 빈틈없이 메우는 작업을 조이질기법이라 한다.

사. 육각법

육각기법이란 타출법으로 만들어진 장석을 더욱 입체적으로 표현하기 위해 장석의 뒷부분을 타출법에 의하여 도드라지게 타출한 후 도드라진 앞부분을 정을 이용하여 내림방식을 이용하여 부조효과를 내는 방법으로 섬세한 입체감을 살리는데 활용된다.

장석으로는 나비, 용, 박쥐, 화문양 등 여러 형태에 응용하고 있다.

5. 장석 상감기법

장석의 기본 재료에 문양을 새기고 그 문양에 다른 성격의 재료를 새겨 넣어 입체적이고, 화려한 문양을 얻을 수 있다.

가. 입사법

장석 재료에 예리한 날정으로 가로, 세로 대칭으로 거스러기를 일구어 문양에 따라 가느다란 은선으로 문양을 쇠망치로 두드려 박아 넣는 기법을 말한다.

나. 면상감

면상감은 상감기법 중 가장 까다로운 기법이다. 글귀나 태극문양 등을 날정으로 겉 문양을 새김질한 다음 끝정으로 재료의 1/2의 표면을 긁어내고 처음 제작된 문양이나 글귀를 박아 넣는 기법이므로 문양의 외곽선을 바깥으로 끝정질 해야 상감부분이 이탈되지 않는다.

다. 골상감

대부분 비철금속에 골상감 기법이 응용된다. 비철금속은 재료가 물러 거스러기가 일구어지지 않는 특성이 있기 때문에 정으로 골을 파고 금사 또는 은사 등을 삽입한다.

6. 장석 제작에 필요한 각종 본

전통 장석 만들기

5. 전통 목가구 장석의 종류

1) 전통 목가구 장석의 개요
2) 전통 목가구 장석의 종류 및 용도

제 5 장 전통 목가구 장석의 종류

1. 전통 목가구 장석의 개요

전통가구에 있어서 장석은 용도와 사용처 및 시기에 따라 시우쇠, 주석, 백동을 사용하였으며 지방에 따라 문양 및 제작기법이 독특하였다.

대부분 장석을 가구의 외부에 노출시켜 가구의 사용을 원활하게 하는 기본적인 기능 이외에 미적인 아름다움을 추구하였으며 더불어 목재의 결구 부분을 감싸고 보강해줌으로써 가구의 수명을 연장하는 기능 등 다각적인 용도로 역할을 하였다.

장석의 문양은 부귀영화, 집안의 번영과 안녕을 기원하는 우리 전통의 동물, 식물, 곤충, 기하학문양, 길상문, 자연문 등이 이용되었다.

사용처별 가구의 용도에 따라 절제를 미덕으로 삼는 사랑방 가구와 반닫이 주방가구는 검은색의 시우쇠가 주로 사용되었고, 내실에서 사용되는 가구의 장석에는 황동(주석)이 많이 사용되었으며 문양 또한 화려하였으며 조선 후기 이후에는 백동의 제작기법이 일상화되면서 황동과 함께 화려한 가구의 장석에 사용되었다.

이러한 가구는 사용자에게 조형미와 아름다움을 더하기 위하여 문양을 투각, 음각 등의 기법으로 지방에 따라 독특하게 계승 발전시켜왔다.

가구의 제작을 하기 위한 설계 단계 시에 가구의 종류, 크기, 용도에 맞게 각각을 구성하는 장석의 종류별 배율과 문양 및 문양 내의 투각, 음각 등을 사전에 디자인 하는 것이 전체적인 가구의 완성도를 높일 수 있을 것이다.

2. 전통 목가구 장석의 종류 및 용도

가. 경첩

기둥 축을 중심으로 두 개의 금속이 서로 맞물리게 돌아갈 수 있도록 만든 장치의 통칭을 경첩이라 한다.

가구의 여닫이 문 또는 함,궤 등의 뚜껑을 여닫기 위하여 대칭이 되는 두개의 날개를 한 개의 기둥 축에 서로 맞물리어 돌아갈 수 있도록 만든 장치로 상하 또는 좌우의 문짝과 소목을 연결하여 주는 것으로 작은 장식용품에서부터 큰 가구, 건축물에 이르기까지 다양하게 사용되고 있는 것으로 다른 어느 것보다 완벽한 기능을 필요로 한다.

부착방법에 따라 노출형 경첩과 숨은 경첩으로 크게 분류한다.

노출형 경첩의 경우 목공예 가구의 장, 농, 함, 경대, 반닫이 등에 형태나 문양을 다양하게 하여 장식의 의미까지 가미하여 아름다움을 극대화 하였으며, 숨은 경첩은 금속판을 목가구 또는 창호의 안쪽에 부착하여 전면에서 바라보면 한일자(一)형태로 회전하는 기둥축만을 노출시켜 장석의 실용성만을 강조하였다. 사랑방 가구(책장, 의걸이장, 문갑 등)에 많이 적용하여 절제되고 단아한 미를 표현하는 목가구에 주로 사용되었다.

또한 경첩의 일종으로 돌쩌귀라 일컫는 것이 있는데 이는 암, 수를 분리하여 제작한 후 서로 결합하여 문을 여닫을 수 있도록 하였으며, 필요시 문을 문설주로부터 쉽게 분리되도록 하였다.

  주로 가옥의 대문, 창문 등 커다란 문짝에 적용하거나, 책장, 찬탁 등 무거운 물품을 보관하는 목가구에 부착하였다.

  이러한 돌쩌귀는 부착하는 대상물의 형태나 크기, 용도에 따라 특색있고 입체적이며 또한 견고성을 겸비하였다.

  목가구에서의 경첩의 코는 주로 3등분 되어 있으며 가운데 부분이 넓고 양쪽 가장자리 부분을 짧게 하여 균형을 맞추었으며, 노출된 장석의 면에는 부귀영화, 장수 등을 상징하는 문자 및 화형, 동식물 문양과 기하학 문양을 상감, 투각, 조이, 육각, 투각 등의 여러 기법을 동원하여 아름답게 치장을 하였다.

  ① 숨은 경첩

  현대 가구에서는 경첩을 밖으로 노출시키지 않도록 하여 가구의 완성도를 꾀하는 기법이 주된 방법이지만, 우리의 전통 가구에서는 대부분 경첩을 외부에 노출시켜 가구와 조화롭게 조형미를 강조한 반면, 사용자가 경첩의 날개부분에 불편을 겪지 않아야 되는 가구 (의걸이장 등) 일부에서는 경첩의 코 부분만 외부로 돌출되어 날개부분이 외부에서 보이지 않게 하는 숨은 경첩이 사용되었다. 문갑, 책장, 탁자 등에 주로 적용하였다.

② 노출 경첩

형태와 문양 및 무늬를 다양하게 하여 경첩의 전체 모양이 외부로 노출되게 붙이는 장석으로서 가구의 균형미와 조형미를 한껏 높여준다.

③ 돌쩌귀

가구 또는 건축물이 완성된 이후에도 문을 분리할 수 있도록 암, 수 두개를 한 쌍의 축으로 연결하는 구조로서, 암 돌쩌귀는 문주에, 수 돌쩌귀는 문짝에 고정하고 문짝을 위로 들어 올리는 방식으로 문짝과 문틀에 탈, 부착 한다.

나. 앞바탕

가구의 문과 문이 만나는 부분 또는 반닫이문 등의 문을 여닫는 부분에는 손잡이 고리 및 자물쇠가 부착되는 밑바탕을 장석으로 치장하여 가구를 보호, 보강하기도 하며, 자물쇠 등을 고정하기도 한다.

가구의 정면에 위치하여 가구의 전체적인 분위기를 압도하므로 가구의 종류, 형태, 크기, 용도에 따라 다양한 문양과 형태로 발전되어왔다.

  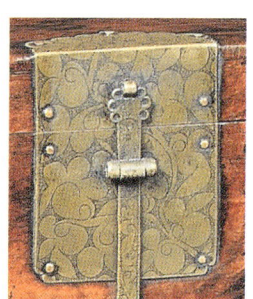

다. 들쇠

목공예품의 좌우 또는 위 혹은 서랍 등에 부착하여 가구를 손으로 들거나 당기기 등 옮기기 위하여 잡을 수 있는 손잡이 또는 문을 열 때 잡는 손잡이를 통칭하며, 가구의 크기 및 형태에 따라 다양한 형태와 문양으로 만들어진다.

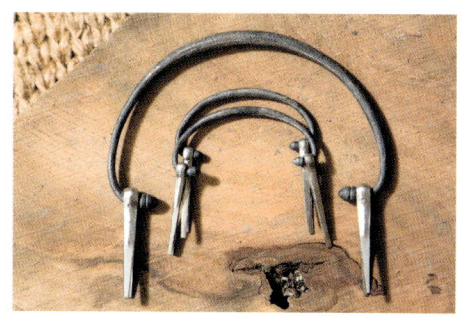

들쇠와 배목

라. 들쇠받침

들쇠받침은 들쇠가 가구에 닿아 가구가 손상되는 것을 방지하고 장식의 효과를 높여 준다.

들쇠와 들쇠받침을 맞추는 작업

마. 배목

자물쇠 또는 들쇠를 가구에 고정시키는 데 필요한 고리를 배목이라 한다. 길목과 나란히 부착되어 자물쇠를 걸 수 있도록 만들기도 한다. 목가구의 구조와 크기에 맞게 들쇠의 배율도 고려하며 배목 한개로 부착하는 방법과 배목 두개로 부착하는 방법 등을 고려하여 여러 형태의 문양과 형식을 만들 수 있다.

타출법에 의한 배목 만들기

바. 감잡이

가구의 모서리부분 혹은 면과 면이 만나는 (판재 혹은 기둥) 결구 또는 접합부분을 양측에서 감싸서 튼튼히 보강해 주는 기능을 수행함과 동시에 목재의 마모를 방지하며 가구의 미관을 증대시키는 기능을 한다.

천판 또는 족통의 귀를 감싸서 외부로부터의 충격에 의한 가구의 훼손을 방지하거나 가구의 기둥과 쇠목 등의 연결부분을 한데 감싸 목재간의 연결 부분을 보강하여 준다.

사계절 변화가 뚜렷한 우리나라에서는 아무리 결구를 잘하였다 하더라도 나무의 재질에 따라 차이는 있으나 계절에 따라 목재의 수축과 팽창이 심하여, 가구제작 후 수년이 지나면 결구 구분의 문제가 발생할 수 있는 경우가 있을 수 있으므로 보다 튼튼한 가구 관리를 위하여 감잡이를 적절히 배치하는 것도 중요하다 하겠다.

사. 귀장식(귓새)

문의 모서리 또는 가구의 상 하 모서리의 귀를 틀어지지 않게 보강하고 목재보호 기능을 하는 장석으로, 감잡이는 가구를 입체적으로 감싸는 반면 귀장식은 주로 평면형태로 가구를 보강한다. 귀장식 중 삼면의 귀를 감싸는 것을 귀싸개 또는 통귀쌈이라 한다.

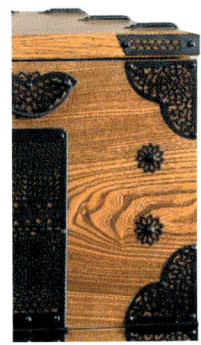

아. 새발장식

가구의 수축·팽창에 대비한 쇠목과 동자로 황금분할한 부분에 대한 보강을 위한 장석을 말한다. ㅗㅏㅜㅓ 형으로 결구한 쇠목, 동자의 넓이에 따라 다양한 형태의 문양이 있다.

자. 자물쇠

귀중품을 보관하고 비밀을 유지하기 위하여 사용하는 함, 장, 농, 뒤주, 곳간 문, 책장 등 많은 부분에 다양한 형태와 크기로 만들어져 왔다.

가장 기본적인 잠금기능의 역할에서 더욱 발전하여 목가구의 크기나 형태에 따라 자물쇠의 크기를 조절하였고 열쇠의 모양과 작동방법 또한 다르게 적용하였다.

더불어 가구의 정면에 위치하는 점을 고려하여 자물쇠에 각종 문양을 새겨 넣어 아름다움을 추구하였으며, 보관되는 물품의 중요도에 따라 다양한 암호기술을 적용한 것도 있다.

① 선자물쇠

쥐꼬리 같은 긴촉이 있어 일명 쥐꼬리 자물쇠라고 부르기도 하며 선자물쇠가 이용되는 가구에는 의걸이장, 책장, 삼층장, 이층장, 머릿장 등에 이용되며 우측면 판에 사모고리가 부착 결합하여 잠금장치 기능을 한다.

② 은혈자물쇠

은혈자물쇠는 금고형태의 갑게수리, 문갑, 서랍의 들쇠받침 등 장석에 제작되며 장석형태의 뒷부분에 개폐장치를 제작한다.

③ 굽통자물쇠

줏대가 있어 열쇠를 밀어서 잠금 기능을 해제한다.

④ 북통자물쇠

굽통형과 같으며 다만 앞바탕 가운데 위치하는 것이 특징이다. 북통 자물쇠는 주로 목가구의 농에 많이 사용된다.

⑤ "ㄷ"형 독립 자물쇠

목가구의 반닫이, 함, 괘, 전통가옥의 대문 등 여러 곳에 사용되며, 죽절모양의 비밀자물쇠는 내부구조가 복잡하게 제작된 2단에서 8단 가량으로 제작되기도 한다.

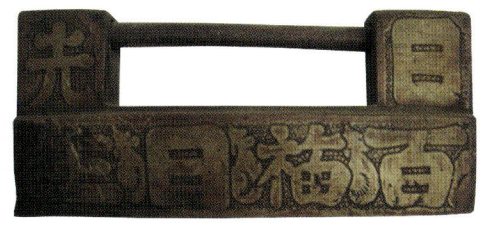 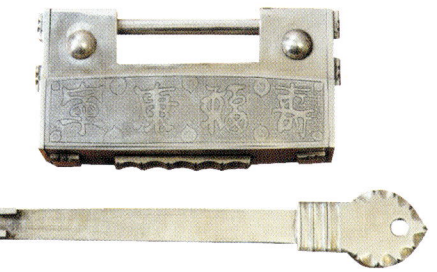

비밀 자물쇠

차. 광두정

모든 가구의 장석은 모두 나름대로의 기능과 역할이 있으나 유일하게 기능이 없는 장식용으로 반닫이 전면 문짝 또는 측면의 들쇠아래 등에 부착하여 목재의 손상을 막는다.

카. 뻗침대(길목)

상하로 문을 개폐하는 함, 궤 등의 상판에 붙어 들쇠 또는 손잡이 역할을 하며 자물쇠를 채울 수 있도록 잠루통의 기능도 겸한다.

가구의 특성에 따라 함 등에서는 길고 가늘게, 반닫이 등에는 짧고 굵게 하여 기능을 충실히 하도록 하였으며, 길목에 여러 가지 형태를 접목하여 단조로움을 피하였다.

타. 못

장석을 목적물에 부착하는 역할을 하며 장석의 종류에 따라 기능을 다르게 만들어서 사용한다.

예를 들어 광두정에는 넓고 둥근 못 머리를 만들어 사용하기도 하며, 보통의 못 머리는 짬짬이질을 해서 망치질의 흔적을 남게 하여 영감을 살리기도 한다.

못을 목가구에 박았을 때 목재 내부에서 못이 돌아가면 헐거워져 장석이 빠지는 현상이 발생하므로 못의 몸통 부분을 사각 단면의 형태로 단조하여 사용하는 것이 중요하다.

6. 전통 목가구 장석 만들기

1) 보석함 장석 만들기
2) 서안 장석 만들기
3) 삼층탁자 장석 만들기(시우쇠 장석)
4) 문갑 장석 만들기
5) 자물쇠 만들기

제 6 장 전통 목가구 장석 만들기

1. 보석함 장석 만들기

가. 필요한 장석의 종류

1) 앞바탕 (1조)

함의 상부와 하부의 중앙에 위치하면서 함의 여닫이 기능을 도와주고 자물쇠를 고정시켜주며, 들쇠 및 자물쇠 등의 사용시 함의 손상을 방지하는 기능을 갖는다.

앞바탕에는 여러 가지(배목, 길목) 부속이 포함 되어 있다.

2) 경첩 (2개)

함의 상·하부를 연결하며, 여닫을 수 있는 기능을 갖는다.

3) 통귀쌈(4개)

함의 상부 모서리 부분에 부착하여 모서리를 감싸 함의 이음부분을 보강한다.

4) 감잡이(21개)

함의 면과 면이 접촉되는 부분을 보강한다.

나. 준비물

① 황동판 : 1.2mm 와 1mm

② 황동 반원선(4mm)

③ 은땜 : 은땜 봉, 산화제(붕사), 부탄가스, 토치

④ 황동봉 : 3mm (경첩 코말이 용)

다. 앞바탕 만들기

① 본뜨기

황동판에 모형(본)을 대고 그림쇠를 가지고 앞바탕 문양을 그린다.

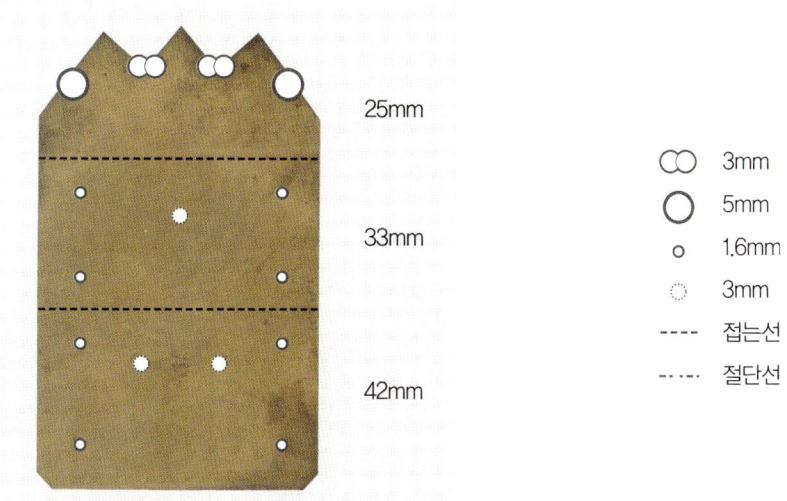

② 원형 문양 파내기

원형 문양의 중앙에 원형 정으로 드릴 작업 위치를 표시한 후 원형 문양에 맞는 드릴 촉을 이용하여 원을 뚫는다.

- 과거에는 활비비로 하였으나 드릴로 대체하여 작업 능률을 높일 수 있다.
- 대각선 경사면을 정으로 따낸 후, 원형부분 드릴 작업을 하면 드릴 촉이 동판에 끼여 작업이 원활치 못하므로 반드시 드릴로 원형 문양을 파낸 후 정 작업을 해야

한다.
- 두번째 홀 작업은 측면의 줄 작업의 두께만큼 깊이와 경사를 동일하게 하여야 조화를 맞출 수 있다.

③ 문양 자르기

본을 대고 그은 선을 따라 날정을 이용하여 외곽부분에 대하여 정 작업을 반복적으로 한다.
- 날정을 사용할 때는 날정의 넓은 면이 눈과 수직이 되도록 위치한다.
- 문양을 파낸 후 뒷면에서 정질한 선을 줄로 면과 직각이 되도록 마무리 한다.

④ 외곽 면 줄로 경사지게 작업하기

재료의 윗면을 기준으로 안쪽에서 바깥쪽으로 약 45° 기울게 줄질을 한다.
- 줄은 거친 것부터 작업하여 점차 고운 줄로 마무리 한다.
- 그라인더에 익숙하면 작업의 능률을 높일 수 있다.
- 샌드페이퍼 혹은 연마제 등을 이용하여 면의 완성도를 높일 수 있다.

⑤ 앞바탕 분리

널정을 사용하여 절단선을 따라 반복적으로 황동판 두께의 80% 가까이 깊이를 조절 한다.
- 널정을 사용할 때는 널 정의 넓은 면이 눈과 수평이 되도록 위치한다.
- 이때 동판의 윗면에 선을 긋고 널정 작업을 한다.
- 황동판을 둘로 나눈 후 뒷면에서 일직선이 되도록 절단 선을 줄로 마무리 한다.

⑥ 문양 자르기

본을 대고 그은 선을 따라 날정을 이용하여 외곽부분을 절단한다.
- 그림쇠를 이용하여 절단선을 일직선으로 긋는다.
- 날정을 사용할 때는 날정의 넓은 면이 눈과 수직이 되도록 위치한다.
- 앞바탕을 분리한 후 뒷면에서 절단 선을 줄로 마무리 한다.

⑦ 접은선 꺾기

황동판의 뒷면에 접을 선을 긋고 각이 진 줄을 이용하여 절단 선을 따라 홈을 판다.
- 절단 선의 윤곽이 잡힐 때까지 서서히 줄 작업을 하며 홈은 좌,우 각 45°가 되도록 하여 접은 후 공간을 유지할 수 있도록 한다.
- 홈의 깊이는 80% 가까이 한다.
- 절단할 홈의 깊이가 확인되면 열풀림 작업을 한다.
- 열풀림 시 황동판의 일부에만 열을 가하면 황동판이 찌그러지게 되므로 황동판을 골고루 가열한다.
- 열풀림 후 바이스에 물려 90°로 접는다.

⑧ 배목, 길목 결합

함의 뚜껑과 몸체에 맞게 배목과 길목을 결합한다.
- 배목 결합 : 배목은 앞바탕의 뒷면에서 짬짬이를 하여 고정시킨다.
- 길목 결합 : 길목은 4mm 황동선을 가지고 배목을 만들어서 앞바탕의 뒷면에서 구부려 고정시킨다.

배목   길목

TIP

※ 앞바탕 작업 시 모형을 그리기 전 황동판의 면을 잘 살펴 흠집이 없는 면을 앞면으로 정한 후 앞면에 모형을 그린다. 다만 접는 선은 모형을 완성한 후 뒷면에 선을 긋도록 하여 장석의 고운 면에 흠집을 남기지 않도록 주의를 기울인다.
※ 앞바탕의 모형이 완성되면 다른 장식물을 부착하기 전에 면 고르기, 광내기 등 마무리를 완성하도록 한다.
※ 샌드페이퍼 등 면을 고를 때에는 한 방향으로 작업해야만 고운 면을 얻을 수 있다.

라. 통귀쌈 만들기

① 본 뜨기

황동 판에 모형(본)을 대고 그림쇠를 가지고 통귀쌈 문양을 그린다.

② 문양 자르기

본을 대고 그은 선을 따라 날정을 이용하여 외곽부분의 곡선을 따라 절단한다.
- 날정을 사용할 때는 날정의 넓은 면이 눈과 수직이 되도록 위치한다.
- 문양을 따낸 후 뒷면에서 정질한 선을 줄로 면과 직각이 되도록 마무리 한다.

③ 외곽면 줄로 경사지게 작업하기

판재의 윗면을 기준으로 안쪽에서 바깥쪽으로 약 45° 기울게 줄질을 한다.
- 줄은 거친 것부터 작업하여 점차 고운 줄로 마무리 한다.
- 그라인더에 익숙하면 작업의 능률을 높일 수 있다.
- 샌드페이퍼 혹은 연마제 등을 이용하여 면의 완성도를 높일 수 있다.

④ 접은면 꺾기

동판의 뒷면에 3면이 90°가 되도록 접을 선을 긋고 각이 진 줄을 이용하여 절단선을 따라 홈을 판다.
- 절단선의 윤곽이 잡힐 때까지 서서히 줄작업을 하며 홈은 좌, 우 각 45°가 되도록 하여 접은 후 공간을 유지할 수 있도록 한다.
- 홈의 깊이는 80% 가까이 한다.
- 절단할 홈의 깊이가 확인되면 열풀림 작업을 한다.
- 열풀림 시 황동판의 일부에만 열을 가하면 동판이 찌그러지게 되므로 황동판을 골고루 가열한다.
- 열풀림 후 v 커팅용 골판에 널정을 이용하여 90° 각이 지도록 접는다.

⑤ 접은 면 은땜

접은 면의 안쪽 면에 붕사를 바른 후 자른 은선을 땜할 부분에 얹은 다음 토치로 가열한다.

※ 토치로 가열시 황동판이 녹지 않도록 주의한다.

⑥ 은땜 한 면을 세목줄로 마무리 한다.

마. 경첩 만들기

① 본뜨기

황동 판에 모형(본)을 대고 그림쇠를 가지고 경첩 문양을 그린다.

경첩의 앞면 부분에 그음쇠를 이용하여 경첩 코 부분을 표시한다.

※ 경첩 코 길이는 경첩 판재의 두께와 경첩 봉의 두께에 따라 다르게 적용하여야 한다.
   표 (경첩 코길이 조견표) 참조

경첩 코 길이 (14.6mm)

경첩 코길이 조견표

(단위 : mm)

	3mm봉	4mm봉	5mm봉
0.8mm 두께	14	16	20
1mm 두께	14.6	17	21
1.2mm 두께	15	18	21.5
1.5mm 두께	15.5	19	22.5

② 문양 자르기

본을 대고 그은 선을 따라 날정을 이용하여 외곽부분의 선을 따라 절단한다.

- 날정을 사용할 때는 날정의 넓은 면이 눈과 수직이 되도록 위치한다.
- 이때 황동판은 윗면에 선을 긋고 날정 작업을 한다.
- 문양을 파낸 후 뒷면에서 절단 선을 줄로 마무리 한다.

③ 경첩 코 부분 분리하기

널정을 이용하여 절단선을 따라 정질을 한다.

- 끄심쇠를 이용하여 경첩코를 그린다.
- 경첩 코는 긴 재료 부분은 2개, 짧은 재료 부분은 1개가 맞물릴 수 있도록 분리하는 것을 주의하여야 한다.
- 홈의 깊이는 80% 가까이 한다.
- 절단 할 홈의 깊이가 확인되면 경첩 코부분을 따낼 부분이 걸릴 수 있도록 각이 지고 홈이진 쇳덩이에 얹어 놓고 사각정을 이용하여 경첩 코를 분리한다.
- 경첩이 분리되면 판재를 반듯하게 편 후 분리된 두 개가 꼭 끼이도록 줄로 다듬는다.

⑤ 경첩 코 말기

모룻돌의 열처리면에 경첩 코를 말아준다.

- 처음 1mm를 90°로 꺾어준다.
  (이때 재료가 모룻돌의 모서리에 뭉개지지 않도록 힘 조절에 유의한다)
- 재료를 서서히 밖으로 밀면서 망치로 경첩코를 반원이 되도록 두드려 간다.
  경첩 코 전체 길이 중 경첩 봉의 두께 만큼(3mm)을 남겨두고 코부분이 90° 꺾일 때까지 망치질을 한다.
- 재료를 뒤집어서 원형이 되도록 코의 끝과 중간을 번갈아 가며 망치질 한다.
- 같은 방법으로 두 개가 완성이 되면 원활한 결합이 되도록 접속면을 줄로 다듬는다.
  한꺼번에 맞추려 하지 말고 수시로 두 개의 코를 맞대어가면서 틈새가 벌어지지 않도록 주의를 기울인다.

- 경첩을 가결합하여 3mm 강선을 끼운다.
- 강선을 끼운 상태에서 경첩 코 부분을 망치로 다듬으며 경첩이 원활한 기능을 하는지 살핀다.

⑥ 경첩 봉 끼우기

강선을 빼내고 황동봉을 끼운다.
- 황동봉은 경첩코의 넓이보다 양측면이 0.5mm 크게 자른다.
- 0.5mm 부분을 모룻돌에 얹어놓고 짬짬이 하여 봉을 옆으로 늘려 경첩코가 빠지지 않도록 고정시킨다. (짬짬이 할 때에는 경첩봉의 중앙을 망치로 두드리면 봉이 구부러져 경첩의 회전이 불량하게 되므로 반드시 봉의 가장자리를 가볍게 여러 번 두드린다.)

⑦ 코부분 줄 정리

경첩코를 줄로 둥글게 갈아서 마무리 한다.

- 줄 작업 시 경첩의 면을 다치지 않도록 다른 재료를 경첩의 면에 대어 면이 손상되지 않도록 주의를 기울인다.

바. 감잡이 만들기

4mm 반달 황동선을 길이 37mm로 잘라서 끝부분을 둥글게 갈아내고 가운데 부분을 v 커팅용 골판에서 널정을 이용하여 90° 각이 지게 접는다.

사. 못 구멍 뚫기

장석이 완성되면 목가구에 부착을 위한 못 구멍을 뚫는다.

- 못구멍의 위치를 표시한 후 못정을 이용하여 못구멍의 위치를 표시한다.
- 드릴을 이용하여 1차 1.6mm 드릴 척으로 못구멍을 전부 뚫은 다음 2차 4mm 드릴 척으로 면돌이를 한다.

  (면돌이를 하는 이유는 못의 머리 부분이 장석에 최대한 바짝 밀착 되도록 하기 위함이다.)

  ※ 장석이 완성되면 표면에 광택을 내거나 도색을 한다.

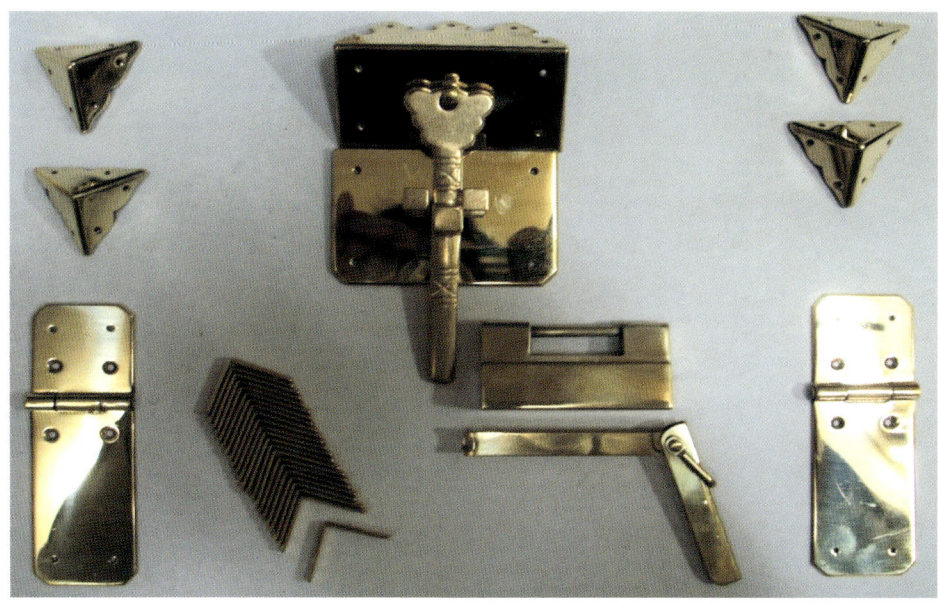

완성된 보석함 장석

2. 서안 장석 만들기

가. 필요한 장석의 종류

1) 환고리 (1개)

　서안의 서랍 손잡이를 가리킨다.

2) 국화받침 (1개)

　환고리를 서랍에 고정시키는 배목구멍을 보호하며, 미적인 기능을 추가한다.

3) 배목(1개)

　서랍에 환고리를 고정시키는 역할을 한다.

나. 준비물

1) 황동판 : 1 mm
2) 황동 반원선(4mm)
3) 황동봉 : 4mm
4) 땜 : 은땜 봉, 산화제(붕사), 부탄가스, 토치
5) 경 14mm 말음 봉

다. 고리 만들기

① 환고리 성형

　준비된 14mm 말음봉에 4mm 황동봉을 감는다.
　- 필요한 환고리 수만큼을 감아준다.
　- 황동봉이 감겨진 상태로 말음봉을 바이스에 물려 놓고 쇠톱을 이용하여 황동봉을 절단한다.

② 고리 절단면 은땜

　고리의 절단면에 붕사를 바른 후 토치로 가열을 한 후 은선을 땜할 부분에 녹여 붙인다.

내경 14mm

③ 성형된 고리를 세목줄로 마무리 한다.

라. 배목 만들기

① 배목 준비

　황동 반원 봉을 서랍의 두께를 고려하여 필요한 길이로 자른다.

- 자른 양 끝은 널정을 이용하여 예리한 각이 되도록 닐정을 이용하여 자른다.

② 배목 성형

환 고리를 끼울 수 있도록 배목의 중앙에 원형 고리를 만든다.
- 반원 봉의 중심에 4mm 강선을 놓고 반원 봉을 구부린다.
- 구부릴 부분을 토치로 달구어 열풀림을 한다.
- 열풀림 부분에 강선 봉을 끼우고 니퍼를 이용하여 고리의 밑부분을 바짝 붙여서 조여 준다.

③ 못의 끝부분을 열풀림하여 모룻돌에 얹어 놓고 망치로 두드려 못 박음이 원활하도록 정리한다.

마. 국화받침 만들기

① 본 뜨기

황동판에 모형(본)을 대고 그림쇠를 가지고 국화받침 문양을 그린다.

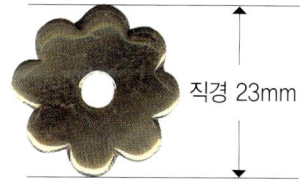

② 문양 자르기

본을 대고 그은 선을 따라 날정을 이용하여 외곽부분의 곡선을 따라 절단한다.
- 날정을 사용할 때는 날정의 넓은 면이 눈과 수직이 되도록 위치한다.
- 문양을 따낸 후 뒷면에서 정질한 선을 줄로 면과 직각이 되도록 마무리 한다.

③ 외곽면 줄로 경사지게 작업하기

재료의 윗면을 기준으로 안쪽에서 바깥쪽으로 약 45° 기울게 줄질을 한다.
- 줄은 거친 것부터 작업하여 점차 고운 줄로 마무리 한다.
- 그라인더에 익숙하면 작업의 능률을 높일 수 있다.
- 샌드페이퍼 혹은 연마제 등을 이용하여 면의 완성도를 높일 수 있다.

④ 못 구멍 뚫기

　직경 4mm 드릴 척을 이용하여 구멍을 뚫는다.

　– 중심을 표시한 후 망치와 못정을 이용하여 드릴 자리를 표시한다.

　– 구멍을 뚫은 후 샌드페이퍼 등을 이용하여 곱게 마감처리 한다.

3. 삼층탁자 장석 만들기 (시우쇠 장석)

가. 한 장석의 종류

1) 바탕 (1조)

탁자의 좌, 우 문의 중앙에 위치하면서 자물쇠를 고정시켜주며, 들쇠 및 자물쇠 등의 사용 시 함의 손상을 방지하는 기능을 갖는다.
앞바탕에는 배목 부속이 포함되어 있다.

2) 경첩 (4개)

탁자의 좌, 우 문을 탁자 몸체에 고정시키며, 밖으로 여닫을 수 있는 기능을 갖는다.

나. 준비물

1) 시우쇠 : 1.2mm
2) 황동봉 : 3mm

다. 앞바탕 만들기

① 본 뜨기

시우쇠 판에 모형(본)을 대고 그림쇠를 이용하여 앞바탕 문양을 그린다.

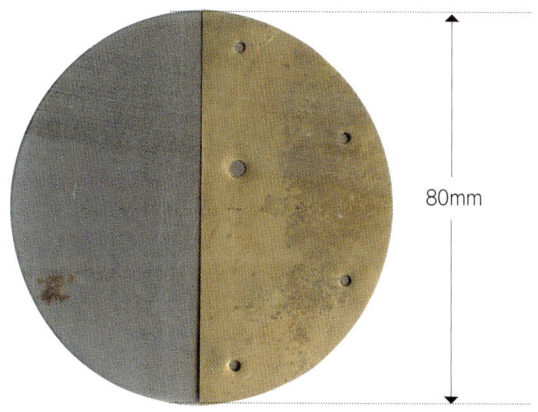

② 문양 자르기

본을 대고 그은 선을 따라 날정을 이용하여 외곽부분을 반복적으로 정 작업을 한다.
- 날정을 사용할 때는 날정의 넓은 면이 눈과 수직이 되도록 위치한다.
- 문양을 파낸 후 뒷면에서 정질한 선을 줄로 면과 직각이 되도록 마무리 한다.

③ 외곽면 줄로 경사지게 작업하기

　재료의 윗면을 기준으로 안쪽에서 바깥쪽으로 약 45º 기울게 줄질을 한다.

　- 줄은 거친 것부터 작업하여 점차 고운 줄로 마무리 한다.

　- 그라인더에 익숙하면 작업의 능률을 높일 수 있다.

　- 샌드페이퍼 혹은 연마제 등을 이용하여 면의 완성도를 높일 수 있다.

④ 배목 붙이기

　앞바탕에 자물쇠를 고정하거나 탁자 문의 손잡이 역할을 대행하는 배목을 붙인다.

　- 앞바탕의 중앙에서 10mm 상부에 드릴을 이용하여 배목 구멍을 뚫는다.

　- 준비된 배목을 앞바탕에 끼우고 뒷면에서 짬짬이를 하여 배목을 고정시킨다.

　　※ 배목은 앞바탕에 끼운 상태에서 0.5mm 정도가 도출 되도록 길이를 조정한다.

라. 경첩 만들기

① 본 뜨기

　시우쇠 판에 모형(본)을 대고 그림쇠를 가지고 경첩 문양을 그린다.

　경첩의 앞면 부분에 그음쇠를 이용하여 경첩 코 부분을 표시 한다.

　　※ 경첩 코 길이는 경첩 판재의 두께와 경첩 봉의 두께에 따라 다르게 적용하여야 한다.

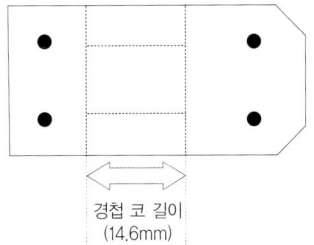

경첩 코 길이
(14.6mm)

경첩 코길이 조견표

(단위 : mm)

	3mm봉	4mm봉	5mm봉
0.8mm 두께	14	16	20
1mm 두께	14.6	17	21
1.2mm 두께	15	18	21.5
1.5mm 두께	15.5	19	22.5

② 문양 자르기

본을 대고 그은 선을 따라 날정을 이용하여 외곽부분의 선을 따라 절단한다.
- 날정을 사용할 때는 날정의 넓은 면이 눈과 수직이 되도록 위치한다.
- 이때 시우쇠판은 윗면에 선을 긋고 날정 작업을 한다.
- 문양을 파낸 후 뒷면에서 절단 선을 줄로 마무리 한다.

③ 경첩 코 부분 분리하기

널정을 이용하여 절단선을 따라 정질을 한다.
- 끄심쇠를 이용하여 경첩 코를 그린다.
- 경첩 코는 긴 재료 부분은 2개, 짧은 재료 부분은 1개가 맞물릴 수 있도록 분리하는 것을 주의하여야 한다.
- 홈의 깊이는 80% 가까이 한다.
- 절단할 홈의 깊이가 확인되면 경첩 코 부분을 따낼 부분이 걸릴 수 있도록 각이 지고 홈이 진 쇳덩이에 얹어 놓고 사각정을 이용하여 경첩 코를 분리한다.
- 경첩이 분리되면 재료를 반듯하게 편 후 분리된 두개가 꼭 끼이도록 줄로 다듬는다.

⑤ 경첩 코 말기

모룻돌의 열처리 면에 경첩 코를 말아준다.
- 처음 1mm를 90°로 꺾어 준다.
 (이때 재료가 모룻돌의 모서리에 뭉개지지 않도록 힘 조절에 유의한다.)
- 판재를 시서히 밖으로 밀면서 망치로 경첩코를 반원이 되도록 두드려 간다.
 경첩 코 전체 길이 중 경첩 봉의 두께만큼(3mm)을 남겨두고 코부분이 90° 꺾일 때까지 망치질을 한다.

- 재료를 뒤집어서 원형이 되도록 코의 끝과 중간을 번갈아 가며 망치질 한다.
- 같은 방법으로 두 개가 완성이 되면 원활한 결합이 되도록 접속 면을 줄로 다듬는다. 한꺼번에 맞추려 하지 말고 수시로 두 개의 코를 맞대어가면서 틈새가 벌어지지 않도록 주의를 기울인다.

- 경첩을 가결합하여 3mm 강선을 끼운다.
- 강선을 끼운 상태에서 경첩 코 부분을 망치로 다듬으며 경첩이 원활한 기능을 하는지 살핀다.

⑥ 경첩 봉 끼우기

강선을 빼내고 황동봉을 끼운다.
- 황동봉은 경첩 코의 넓이보다 양측면이 0.5mm 크게 자른다.
- 0.5mm 부분을 모룻돌에 얹어놓고 짬짬이 하여 봉을 옆으로 늘려 경첩코가 빠지지 않도록 고정시킨다. (짬짬이 할 때에는 경첩봉의 중앙을 망치로 두드리면 봉이 구부러져 경첩의 회전이 불량하게 되므로 반드시 봉의 가장자리를 가볍게 여러 번 두드린다.)

⑦ 코 부분 줄 정리

경첩코를 줄로 둥글게 갈아서 마무리 한다.

→ 줄 작업 시 경첩의 면을 다치지 않도록 다른 재료를 경첩의 면에 대어 면이 손상되지 않도록 주의를 기울인다.

※ 앞 장의 보석함 경첩이나, 삼층탁자의 제작방법이 동일한 방법으로 제작되는 것을 독자 분들은 인식하였을 것이다.

경첩은 가구나 건축물에서 상당히 중요한 기능을 가지며, 잘못 만들어졌을 경우 기능에 많은 영향이 따르므로 충분한 숙달을 한 다음, 본 작업에 임하도록 하여야겠다.

바. 못 구멍 뚫기

장석이 완성되면 목가구에 부착을 위한 못 구멍을 뚫는다.

→ 못구멍의 위치를 표시한 후 못정을 이용하여 못구멍의 위치를 표시한다.

→ 드릴을 이용하여 1차 1.6mm 드릴 척으로 못구멍을 전부 뚫은 다음 2차 4mm 드릴 척으로 면돌이를 한다

(면돌이를 하는 이유는 못의 머리 부분이 장석에 최대한 바짝 밀착 되도록 하기 위함이다.)

※ 장석이 완성되면 표면에 도색을 한다. (통상 시우쇠는 소부도장 열처리로 마감한다.)

4. 문갑 장석 만들기

가. 필요한 장석의 종류

1) 천도문양 손잡이 (4개)

　　문갑의 전면 서랍 중앙에 위치하면서 문을 열고 닫는 기능을 한다.

2) 환형 받침 (4개)

　　서랍에 배목을 고정시키고 미적인 기능을 더한다.

3) 배목 (4개)

　　천도문양 손잡이를 서랍에 고정시킨다.

나. 준비물

1) 황동판 : 4mm, 1mm
2) 황동 반원선 : 4mm

다. 천도문양 손잡이 만들기

① 모형 그리기

　　준비된 4mm 황동판에 문양을 그린다.

　　※ 문양 그릴 때 2개씩 좌, 우 대칭이 되도록 그린다.

② 문양 자르기

본을 대고 그은 선을 따라 날정을 이용하여 외곽부분의 곡선을 따라 절단한다.

→ 날정을 사용할 때는 날정의 넓은 면이 눈과 수직이 되도록 위치한다.

→ 문양을 따낸 후 뒷면에서 정질한 선을 줄로 면과 직각이 되도록 마무리 한다.

③ 외곽 면 줄로 경사지게 작업하기

줄 또는 그라인더를 이용하여 가운데 부분을 중심으로 곡선으로 입체감을 살린다.

→ 4mm 황동판을 사용하는 이유는 천도의 문양을 최대한 입체적으로 하기 위함이다.

→ 줄은 거친 것부터 작업하여 점차 고운 줄로 마무리 한다.

→ 그라인더에 익숙하면 작업의 능률을 높일 수 있다.

→ 샌드페이퍼 혹은 연마제 등을 이용하여 면의 완성도를 높일 수 있다.

④ 배목 구멍 뚫기

상부에 4.2 mm 구멍을 뚫는다.

배목의 고리 내경이 4 mm 인 점을 감안하여 상부 구멍의 위치를 정할 수 있다.

라. 배목 만들기

① 배목 준비

황동 반원봉을 서랍의 두께를 고려하여 필요한 길이로 자른다.

→ 자른 양 끝은 널정을 이용하여 예리한 각이 지도록 널정을 이용하여 자른다.

② 배목 성형

환 고리를 끼울 수 있도록 배목의 중앙에 원형 고리를 만든다.

→ 반원 봉의 중심에 4mm 강선을 놓고 반원 봉을 구부린다.

→ 구부린 부분을 토치로 달구어 열풀림을 한다.

→ 열풀림 부분에 강선 봉을 끼우고 니퍼를 이용하여 고리의 밑부분을 바짝 붙여서

조여 준다.
③ 못의 끝부분을 열풀림하여 모룻돌에 얹어 놓고 망치로 두드려 못 박음이 원활하도록 정리한다.

마. 환형 받침 만들기

① 본 뜨기
황동판에 모형(본)을 대고 문양을 그린다.

외경 15mm

② 문양 자르기
본을 대고 그은 선을 따라 날정을 이용하여 외곽부분의 곡선을 따라 절단한다.
→ 날정을 사용할 때는 날정의 넓은 면이 눈과 수직이 되도록 위치한다.
→ 문양을 따낸 후 뒷면에서 정질한 선을 줄로 면과 직각이 되도록 마무리 한다.

③ 외곽면 줄로 경사지게 작업하기
재료의 윗면을 기준으로 안쪽에서 바깥쪽으로 약 45° 기울게 줄질을 한다.
→ 줄은 거친 것부터 작업하여 점차 고운 줄로 마무리 한다.
→ 그라인더에 익숙하면 작업의 능률을 높일 수 있다.
→ 샌드페이퍼 혹은 연마제 등을 이용하여 면의 완성도를 높일 수 있다.

④ 배목 구멍 뚫기
원의 중앙에 못정으로 표시를 한 후 4mm 드릴을 이용하여 배목에 구멍을 뚫는다.

바. 면 광택내기

장석을 만드는 과정에서 필요에 따라 열풀림을 하게 된다. 이때 열풀림을 한 경우에는 광택이 나지 않으므로 샌드페이퍼로 표면을 벗겨 내거나, 산 처리를 하여 물로 씻은 다음 연마한다.
(연마 : 그라인더에 광택 내는 천을 끼워 파란색 광택약을 칠하여 문지른다)

5. 자물쇠 만들기

가. 자물쇠의 구조 및 명칭

[급통]

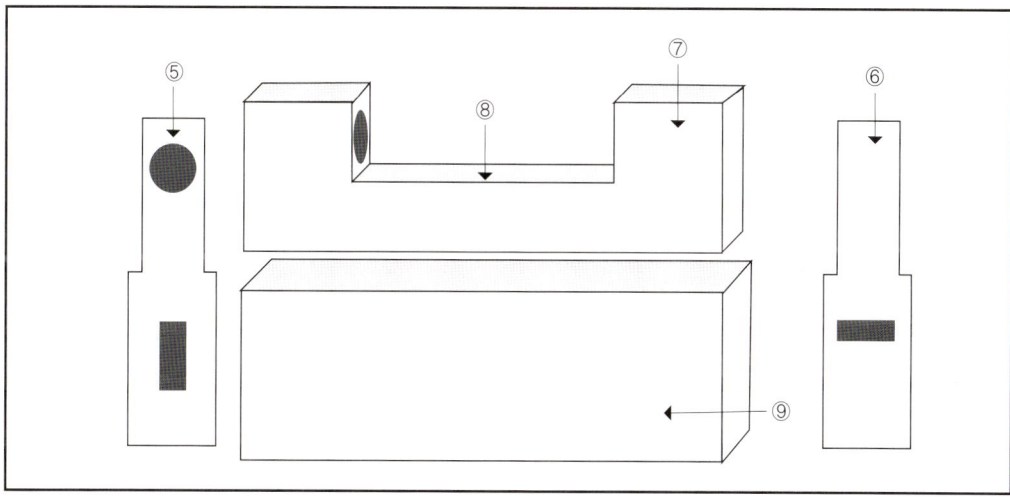

[고삐]

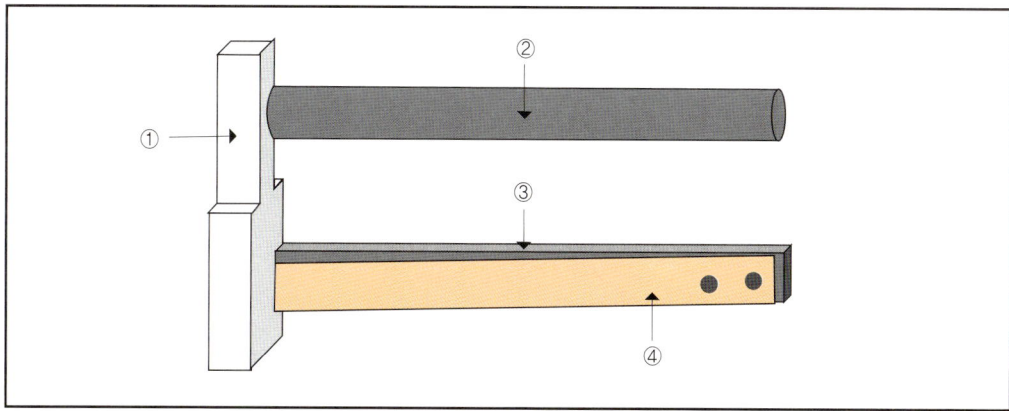

[열쇠]

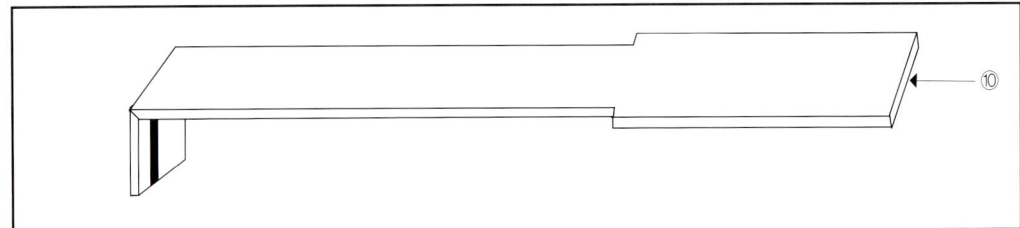

 자물쇠는 크게 굽통, 고삐, 열쇠 3개 부분으로 분류하지만 각각의 분류에는 여러 가지의 부속으로 구성 되어진다.

고 삐	① 고삐	② 줏대	③ 살 줏대	④ 살대	
굽 통	⑤ 고삐 목창	⑥ 뒷 목창	⑦ 윗 굽통	⑧ 윗굽통 목창	⑨ 아랫 굽통
열 쇠	⑩ 열쇠				

1) 굽통

 자물쇠의 몸통 부분으로서 고삐의 줏대가 지나는 윗굽통과 살줏대와 살대가 지나는 아래굽통으로 나뉘며, 굽통에 부착 또는 연결되어 고삐가 통과되도록 도와주는 기능을 하는 목창이 포함된다.
 목창에는 윗굽통목창, 고삐목창, 뒷목창으로 세분된다.

2) 고삐

 자물쇠의 굽통을 통과하여 보안을 유지하고자 하는 목적물의 잠금기능을 수행하는 부분이다. 잠금장치의 난이도를 열쇠와 더불어 고삐에 부가하면 여러 단의 잠금기능을 구현할 수 있다. 줏대, 살줏대, 살대로 분류한다.

3) 열쇠

 채워진 고삐의 잠금장치를 해제하며, 굽통에 끼워진 고삐를 분리시키는 기능을 수행한다.

나. 준비물

1) 5mm 시우쇠 판 : 윗굽통, 아랫굽통 및 목창 제작용

2) 10×15 mm 황동 : 고삐 제작용

3) 10×3 mm 황동 : 살줏대 제작용

4) 1.2mm 인청동 판 : 살대 제작용

5) 7mm 시우쇠 : 줏대 제작용

6) 은납 및 산소 용접기

다. 통제작

1) 밑 굽통 제작

① 굽통 선긋기

그음쇠를 이용하여 밑굽통 재료의 중앙에 15mm의 선을 긋는다.

② 굽통 구부리기

선을 따라 널정으로 망치질 한다.

(재료의 80% 부분까지 깊게 파주면 굽을 접었을 때의 모양이 자연스럽다)

③ 밑 굽통 꺾기

접을 선을 따라 널정으로 망치질을 한 후, 각이 진 줄을 이용하여 꺾을 선을 양쪽으로 45° 경사면의 홈을 판다.

→ 접을 선의 윤곽이 잡힐 때까지 서서히 줄 작업을 하며 홈은 좌,우 각 45°가 되도록 하여 접은 후 공간을 유지할 수 있도록 한다.

→ 홈의 깊이는 80% 가까이 한다.

→ v 커팅용 골판에 놓고 널정을 이용하여 90º 각이 지게 접는다.

④ 밑면 고르기

　굽통을 구부리는 과정에서 밑면이 안쪽으로 구부려 휘어지게 되면 두께에 맞는 (16mm) 철판을 끼우고 평평하게 잡아준다.

⑤ 마지막으로 윗굽통과 땜이 잘 되도록 밑굽통의 가장자리를 줄로 정리해 준다.

2) 윗굽통 제작

① 윗굽통 목창의 모양을 판에 그린다.

　(크기는 자물쇠가 들어갈 길목과 배목의 폭에 맞게 넓이를 그린다)

② 윗굽통 목창 부분 따내기

　윗굽통 목창이 들어갈 자리를 사각형 형태로 널정을 이용하여 따낸다.

　내부를 따내다 보면 판이 휘어지고 늘어나게 되므로 모룻돌에서 평평하게 펴준다.

　줄로서 사방을 반듯하게 크기에 맞게 잡아준다.

③ 윗굽통 선 긋기

그음쇠를 이용하여 밑굽통 재료의 중앙에 11mm의 선을 긋는다.

④ 윗굽통 꺾기

접을 선을 따라 널정으로 망치질을 하여 홈을 파준 후, 각이 진 줄을 이용하여 꺾을 선을 따라 "V"자 홈을 판다.

→ 접을 선의 윤곽이 잡힐 때까지 서서히 줄 작업을 하며 홈은 좌, 우 각 45°가 되도록 하여 접은 후 공간을 유지할 수 있도록 한다.

→ 홈의 깊이는 80% 가까이 한다.
→ v 커팅용 골판에 놓고 널정을 이용하여 90° 각이 지게 접는다.

⑤ 면 고르기
  굽통을 구부리는 과정에서 면이 휘어지게 되면 두께에 맞는(12mm) 철판을 끼우고 평평하게 잡아준다.

⑥ 마지막으로 밑굽통과 땜이 잘 되도록 윗굽통의 가장자리 줄 정리와 망치질을 번갈아 가며 해 준다.

3) 윗굽통 목창 제작
① 윗굽통 목창 그리기
  윗굽통에 들어갈 크기에 맞게 그림쇠를 이용하여 줏대 목창을 그리고 널정을 이용하여 자른다.

② 줏대 홈파기

　　못정으로 홈을 표시하고 줏대의 굵기보다 0.5mm 크게 줏대가 지나는 홈을 판다.

③ "ㄷ"자 형으로 구부리고 번듯한 바닥 위에 올려놓고 각과 면을 잡아준다.

④ 윗굽통과 맞추어가며 빡빡하게 결합될 수 있도록 줄로 다듬는다.

4) 고삐목창, 뒷목창 제작

① 고삐목창은 굽통의 측면에서 고삐의 두께만큼 내부로 들어가서 끼워지는 부품이며, 뒷목창은 굽통의 다른 한쪽 측면에 결합되는 부품이다.

② 고삐목창 제작
→ 본을 대고 시우쇠 판위에 그음쇠로 그린다.
→ 널정을 이용하여 외곽선을 따라 떼어낸다.
→ 닦달질하여 판을 바르게 잡아준 뒤 줏대와 살줏대 구멍을 따낸다.
→ 굽통에 빈틈없이 빠듯하게 끼워 질 수 있도록 줄로 면을 정리한다.
→ 고삐의 두께(10mm) 위치에 정확히 안치하도록 고삐목창과 똑같이 오린 10mm 두께의 황동 재료를 준비한다.

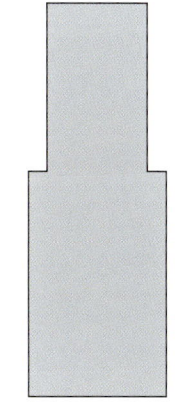

③ 뒷목창 제작
→ 본을 대고 시우쇠 판위에 그음쇠로 그린다.

→ 널정을 이용하여 외곽선을 따라 떼어낸다.
→ 열쇠 구멍을 정으로 떼어낸다.
→ 닦달질하여 판을 바르게 잡아준다.
→ 굽통에 빈틈없이 빠듯하게 끼워질 수 있도록 줄로 면을 정리한다.

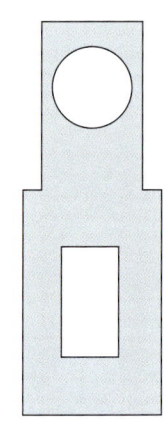

5) 땜
① 윗굽통 목창과 윗굽통을 결합하고, 철사로 윗굽통과 아랫굽통을 움직이지 않도록 철사로 고정한다.
② 땜 할 부분에 붕사를 바른 후 산소 용접기를 이용하여 접속 부위에 은납땜을 한다.
③ 땜이 끝나면 공기 중에서 충분히 식힌 후 고정철사를 풀고 사포를 가지고 산화막을 제거한다.
④ 줄과 사포를 이용하여 면을 고르게 정리한다.

라. 고삐 제작

1) 고삐 제작
① 10×15mm의 황동봉을 고삐목창 높이에 맞게 자른다.
② 윗굽통(11mm), 밑굽통(15mm)의 가로 넓이에 맞는 길이를 측정한 후 고삐에 그리고, 줄을 이용하여 굽통에 끼울 수 있도록 조정한다.
③ 줏대와 살 줏대를 끼울 위치를 못정으로 표시한 후 홈을 판다.

2) 살 줏대 제작
① 10×3mm의 황동판 한쪽부분을 고삐에 끼울 수 있도록 3mm원형이 되도록 줄로 다듬어서 준비한다.
② 다른 한쪽 끝에 잡잡이를 위한 2.5mm의 구멍을 2개 뚫고 면도리를 한다.

3) 살대 제작
① 1.5mm 두께의 인청동판에 살대를 그린다.
② 차창 위에서 줄음질로 살대를 오려낸다.
③ 살 줏대에 잡잡이 고정을 위하여 살 줏대와 동일한 위치에 2.5mm의 구멍을 뚫고 면도리를 한다.
④ 모룻돌 위에서 망치질을 반복하여 인청동의 강도를 높여서 고삐에서 용수철 기능을 할 수 있도록 한다.
(통상 살대는 강도가 높은 인청동을 사용한다)

4) 살줏대와 살대 조립
① 살줏대와 살대를 2.5mm 황동봉을 끼우고 잡잡이로 결합한 후 잡잡이한 면을 줄로 마무리 한다.
② 조립된 살줏대와 살대의 끝은 열쇠에 수월하게 끼워지게 하기 위하여 타원 형태가 되도록 줄로 갈아준다.

5) 고삐 조립
① 줏대 조립
줏대는 자물쇠의 중심축 기능을 하는 부품으로 지름 7mm의 봉으로 자물쇠 전체길이에 맞춰 제작한 후 고삐에 끼우고 땜한다.
② 살 줏대 조립 : 고삐에 끼우고 땜한다.

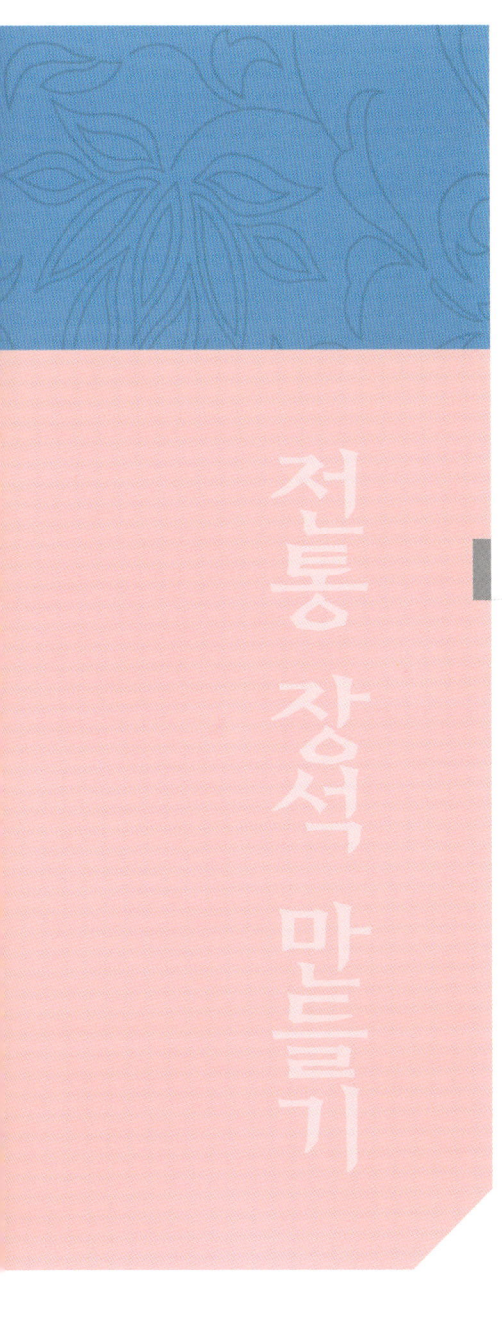

7. 각종 장석의 문양 및 형태

제 7 장 각종 장석의 문양 및 형태

1. 경 첩

❀ 나비형 경첩

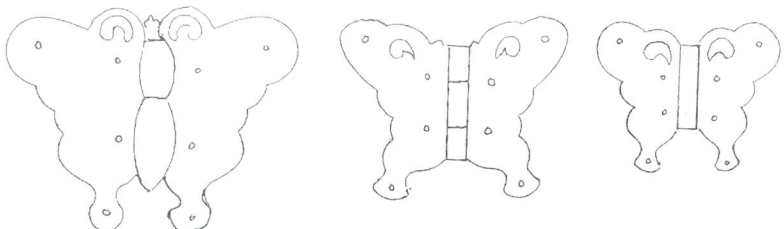

❀ 나비형 투각 경첩

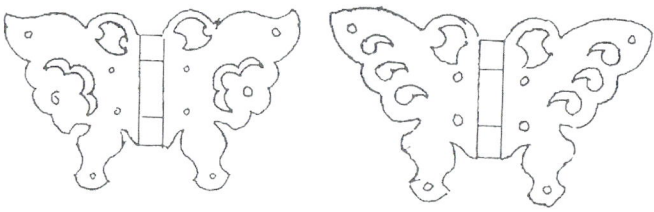

❀ 제비추리형 양경첩   ❀ 제비추리 경첩

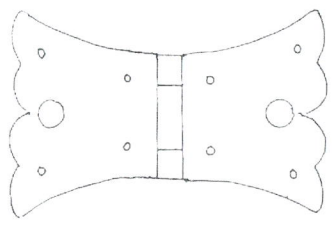   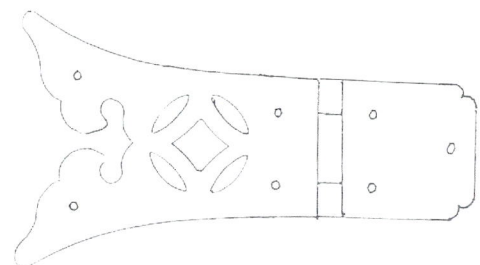

❀ 실패형 양경첩   ❀ 실패형 경첩

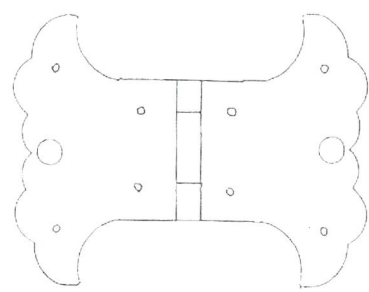   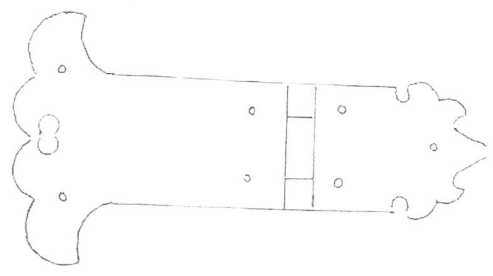

❀ 호리병 경첩

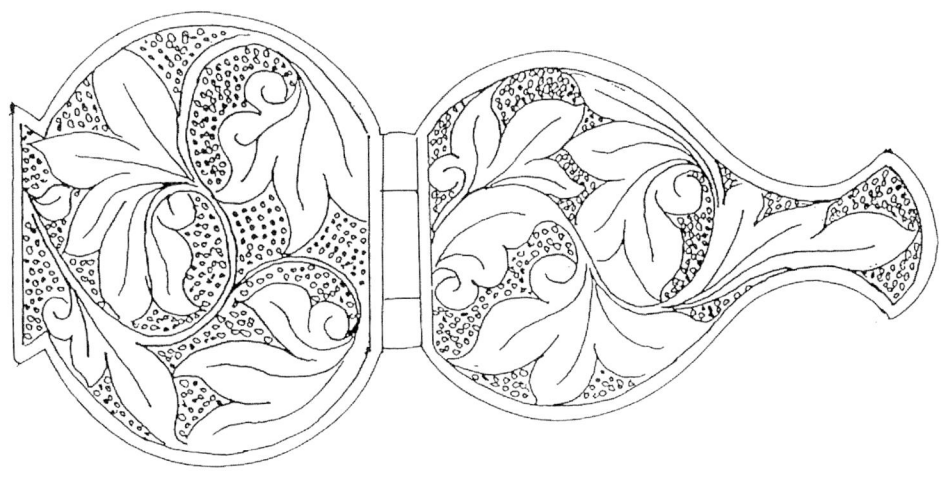

❀ 보상화 제비추리 경첩

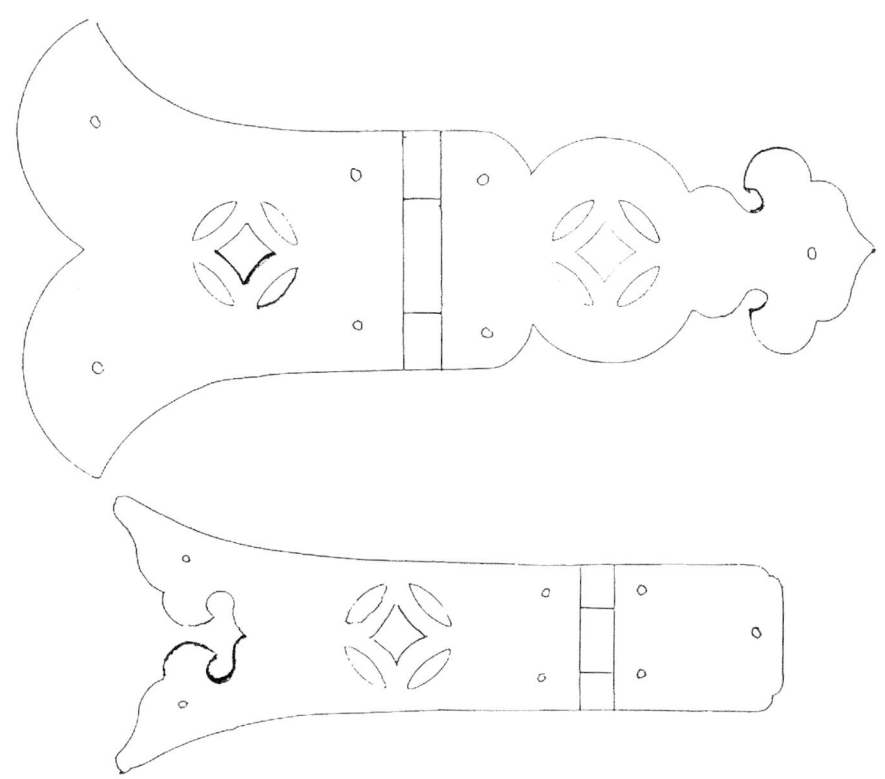

2. 새발장식 및 감잡이

❀ 새발장식(국화"ㅗ"형)

❀ 새발장식(국화"ㅛ"형)

❀ 새발장식(약과형)

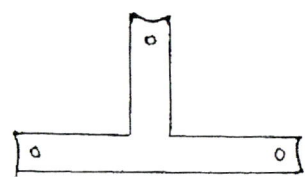

❀ 새발장식(국화"十"형)

❀ 새발장식(연봉 "ㅗ"형)

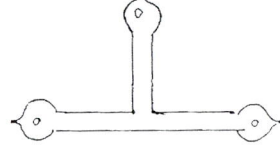

❀ 새발장식(망두"ㅗ"형)

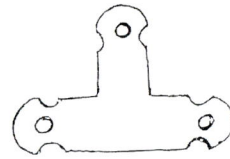

❀ 새발장식(망두"卍"형)

❀ 감잡이(보상화형)

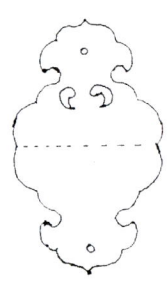

❀ 감잡이(망두형)

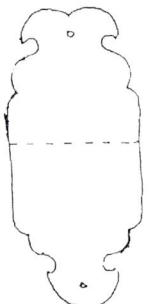

❀ 감잡이(칠보문양 누각)

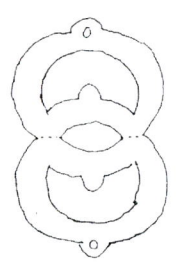
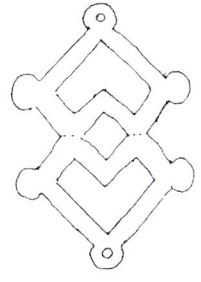

3. 들쇠받침 및 들쇠

❈ 박쥐형 들쇠받침

❈ 들쇠(활형)

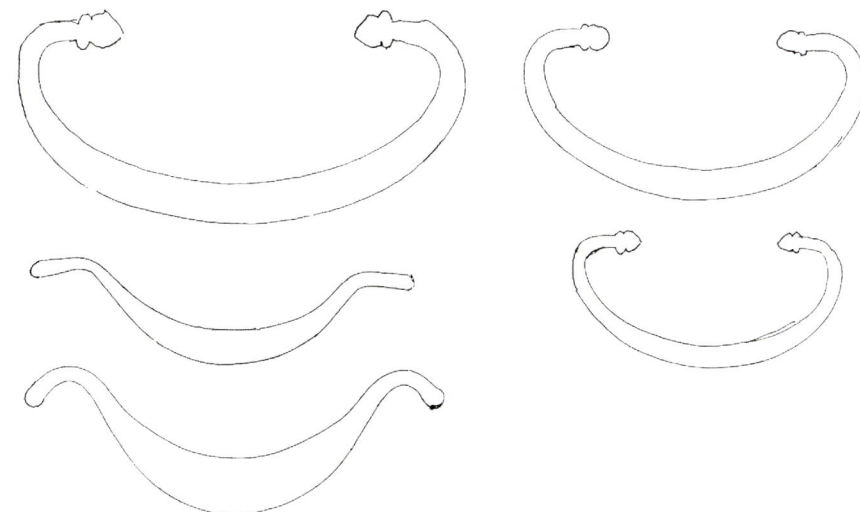

❈ 들쇠(박쥐형)

❀ 들쇠(칠보형 누각)

❀ 들쇠(박쥐형)

❀ 들쇠(박쥐형 투각)

❀ 들쇠(학형)

❀ 들쇠(완자형)

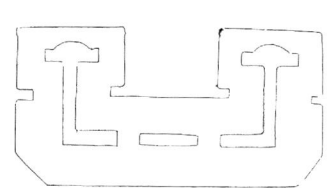
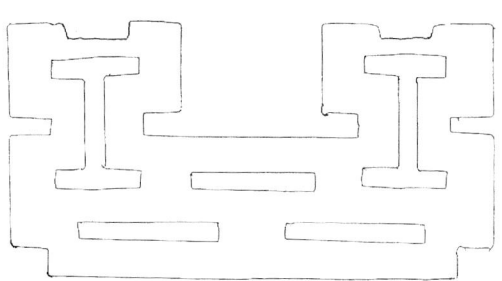

4. 귀쇠/통귀쌈

❀ 모자비 귀새 ❀ 숭숭이 투각 귀새 ❀ 화형 귀새

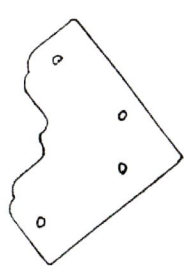 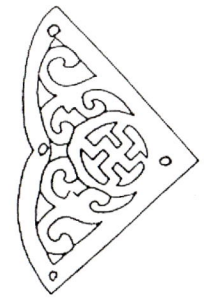 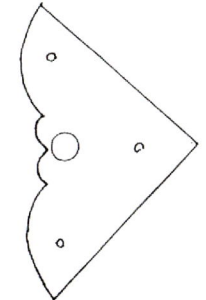 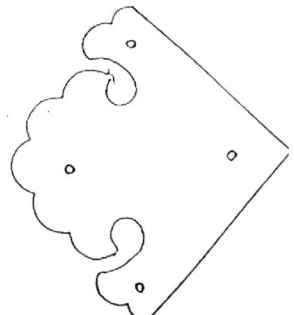

❀ 화형 통귀쌈

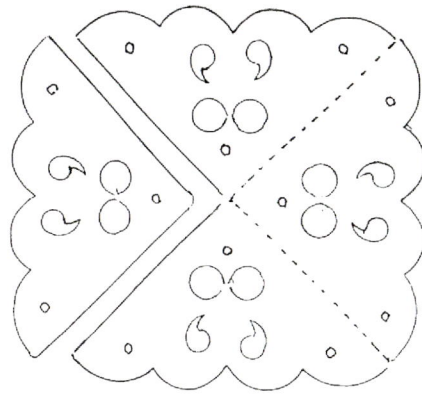 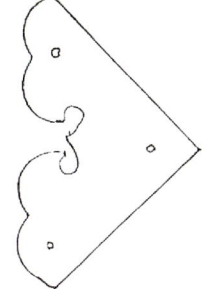 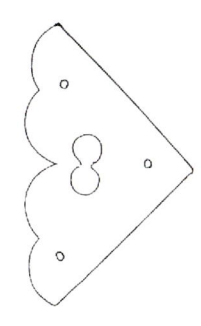

❀ 화형 통귀쌈

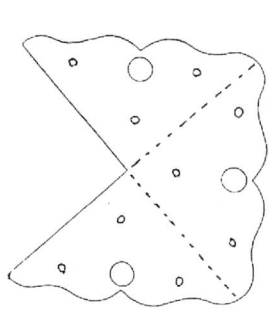 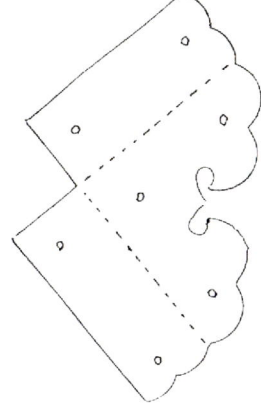 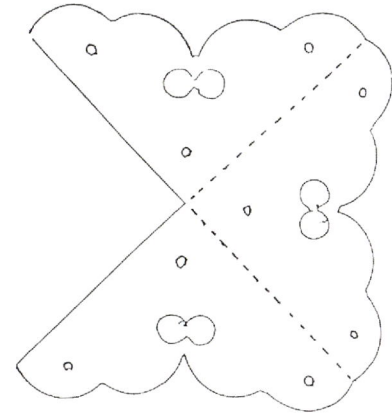

5. 앞바탕

❀ 나비문양 면판

❈ 나비문양 면판

보상화문양 면판

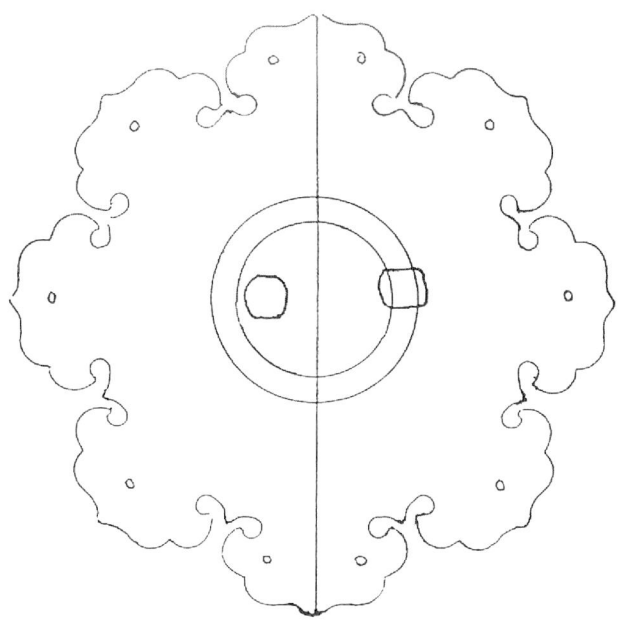
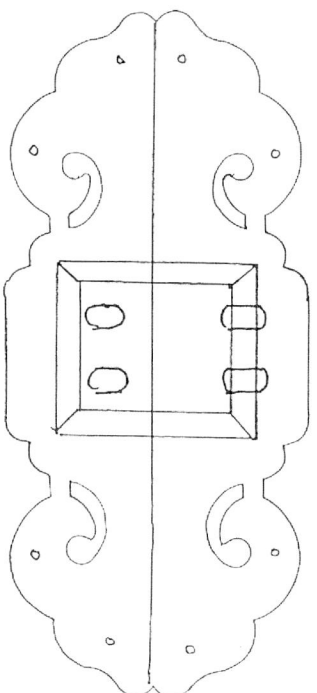

보상화문양 면판

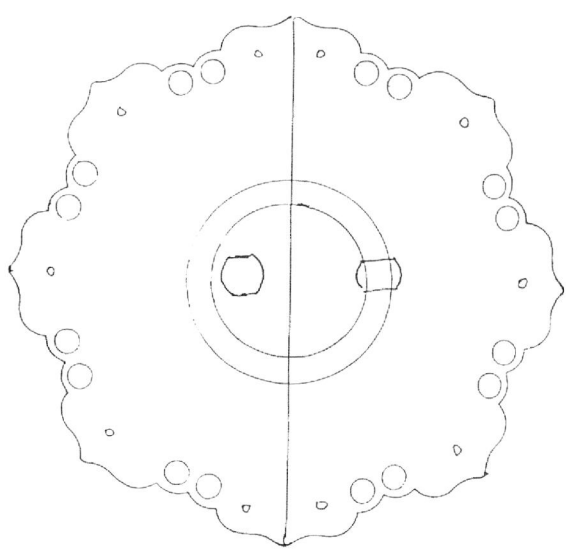
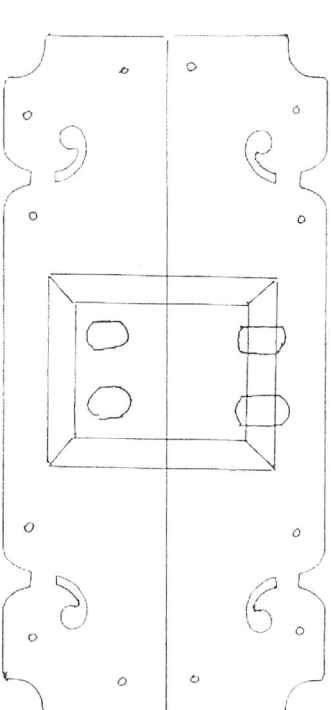

6. 광두정

(상감) (투각) (구름형)

 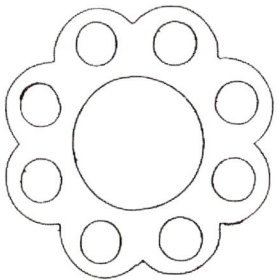 

(범형) (학형) (거북형)

(사각) (사각화형문양) (사각직선)

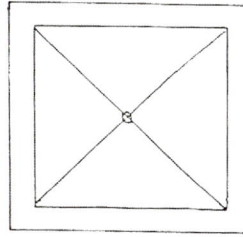 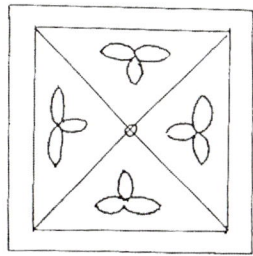 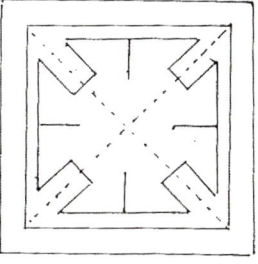

(보상화형) (칠보투각형) (보상화형 만자 투각)

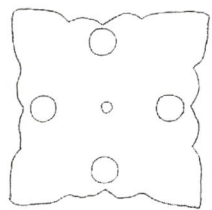  

7. 자물쇠

🏵 은혈 자물쇠

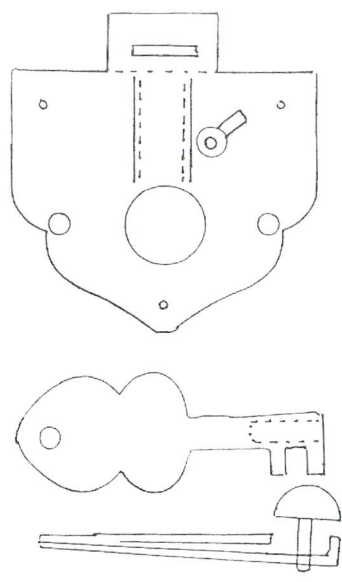

🏵 문갑형 자물쇠

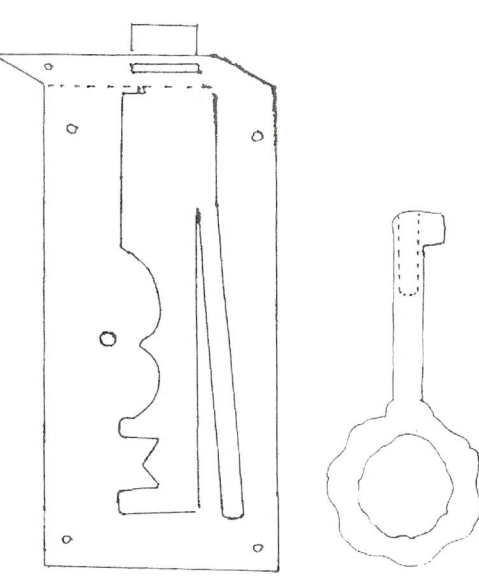

🏵 붙박이 자물쇠

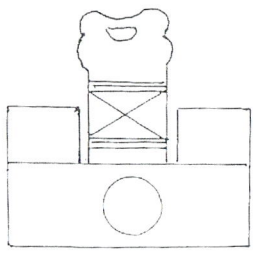

🏵 사각 자물쇠

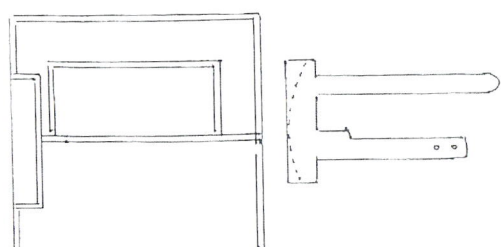

🏵 북 자물쇠

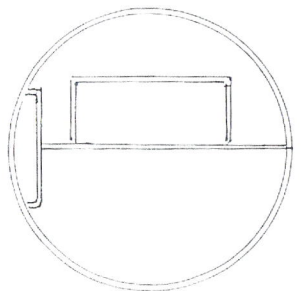

제7장 각종 장석의 문양 및 형태

❈ 선 자물쇠　　❈ 의걸이장 면판　　❈ 의걸이장 이마받이

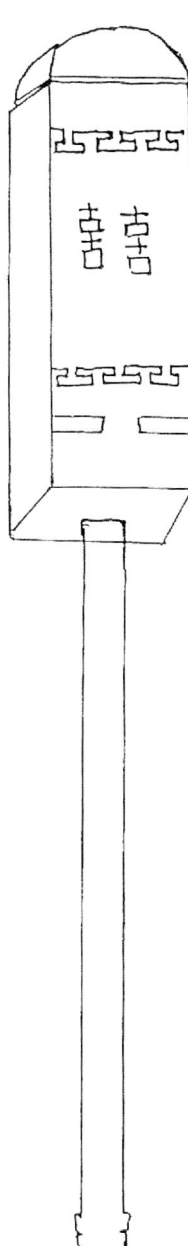
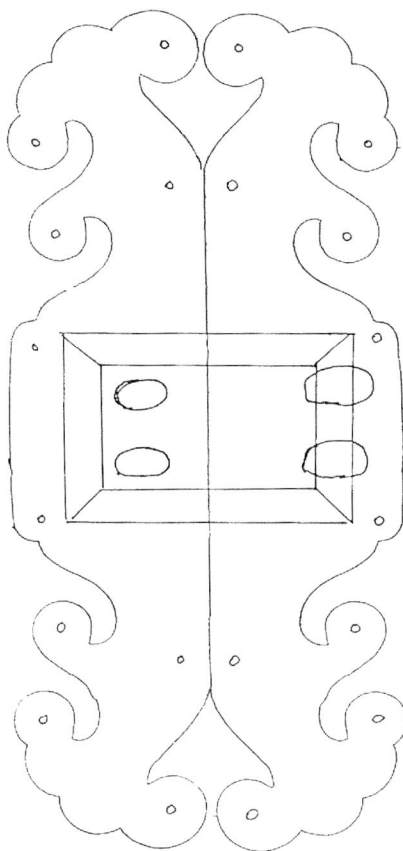
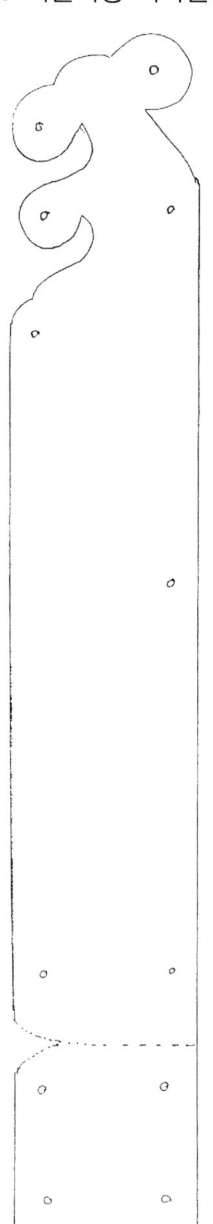

※ 이 책은 한국문화재보호재단이 운영하는 한국전통공예건축학교 실기과정을 교재로 구성, 독자들의 전통공예에 대한 이해를 위하여 제작하였으며 교과과정은 다음과 같습니다.

- 교육기간 : 1년
- 내 용 : 각 분야별 실기위주로 진행
- 개설과목
  · 직물공예 : 매듭, 침선, 전통자수
  · 목 공 예 : 소목, 각자, 소반, 전통창호
  · 전통화법 : 단청
  · 금   속 : 입사, 장석
  · 칠 공 예 : 옻칠
  · 고 건 축 : 대목
- 강 사 진 : 중요무형문화재 기능보유자 및 전수교육조교
- 문   의 : 코우스 문화연수팀 (02-3011-1702~5)

두석장(중요무형문화재 제64호) 박문열의

전통 장석 만들기

발   행 : 한국문화재보호재단
　　　　　서울시 강남구 삼성동 112-2
　　　　　전화 : 02)3011-1704
　　　　　전송 : 02)3011-1788
　　　　　www.chf.or.kr
발 행 인 : 김홍렬
발 행 일 : 2010년 3월 25일
지 은 이 : 박문열
등록번호 : 제2-183. 1980.10.31
인   쇄 : (주)계문사
　　　　　Tel. 02-725-5216

ISBN : 978-89-6433-016-6　04630
정 가 : 21,000원